汉字中的色彩之美

王元鹿 主编
姜慧 廖宏艳 著

文汇出版社

序

王元鹿

有一件美好的东西，日日与您为伴，日日为您服务，您却常常忽视了它的美——内在的美与外在的美，这就是汉字。

汉字是我们伟大祖国的宝贵遗产之一。如果说到汉字的特点与特色，一言以蔽之，就是美。汉字的“美”包含了使汉字得以产生与发展的客观环境的美——有物质的美、精神的美、逻辑的美，还有大自然的美。汉字的“美”也反映在汉字自身的构成与形态上。造字方法的精巧，文字姿态的曼妙，都令人赞叹不已。

汉字的“美”有其历史过程。如以甲骨文的产生为起点，汉字至少已有三千多年的历史。何况甲骨文其实还不能算是汉字的最早形态。然而，即便在甲骨文与早期金文中，我们已经可以领略其古朴与端庄，还可以理解通过其字形背后的古代社会的历史、文化与生活现象，乃至我们祖先的造字的智慧——这一切，都是美不胜收的。

今天我们使用的现代汉字，已经是几经变化的形体，多少已失去了它们的早期风貌，也不易推断出祖先造字的依据。学者们的不懈努力，使我们逐步深入了解了古代汉字的来龙去脉，并进而通过古代文字的研究去搜寻我们祖先的生活状况及他们的精神风貌。可以说，从汉字看历史，又从历史来追溯汉字的渊源，既是一个科学研究的过程，又是一个欣赏文字美的过程。

必须说明的是，这套书是在参考古今许多文字学及相关学科专家研究成果的基础上写出的。限于丛书的体例，行文中引用或述及文字学专家或其他领域专家的观点与成果，一般不专门写出或注出他们的名字及这些著作的名称。在此，向这些专家致以衷心的谢忱。

美是需要去发现的。由于我们见惯并用惯了汉字，才使我们习以为常地不去注意其内部蕴藏着的美。这套丛书，就是鉴于此种情形策划设计的。从文字与文字相关的角度——语言、历史、文化、考古、文学等多个方面，全方位地挖掘并向读者展示汉字的美，是本丛书作者的美好愿望。如果读者随着我们的笔，在弄清一个个古文字的同时，进一步了解它们折射出来的中国古代社会历史与文化的方方面面，以及我们的祖先的思维特点与心路历程，这将是何等快意的事！

2012年7月写于华东师范大学中国文字研究与应用中心

目录

叁

间色篇：间色幽花却耐看

肆

复色篇：异彩奇文相隐映

解题

〖目遇之而成“色”〗

北宋文人苏东坡在《赤壁赋》中曾经吟咏过：“惟江上之清风，与山间之明月，耳得之而为声，目遇之而成色。取之无禁，用之不竭。是造物者之无尽藏也，而吾与子之所共食。”读来让人心生豪迈，豁然开朗。造物主赐予了人类享用自然万物声、色之美的能力，其中，目遇之而成“色”，即便是在苏轼去世近千年之后的今天，人眼在辨“色”方面的灵活与精密，仍旧是世上最昂贵的镜头也无法替代的。

拥有一双能辨“色”的眼睛，可以感知造物主赐予的色彩之美，在这万千变幻的色彩世界里，究竟是先有“赤、橙、黄、绿、青、蓝、紫”的概念，还是先有“色”的概念呢？

从汉字的发展历程看，许嘉璐先生认为，“色”字未见于甲金文。我们查《汉语大字典》和《古文字诂林》也未见有收录汉字“色”，但在徐中舒先生的

《甲骨文字典》卷九中收有“色”字。徐先生引唐兰先生在《殷墟文字记》中的观点认为甲骨文(色)字:“字本象一刀形而人跽其侧,殆刀之动词,断绝之义也,刀增繁为召,则亦即卲字。色卲一字,则绝绍亦一字,绍训继,绝训断者,乃一字有正反二训之例。”左民安先生的《细说汉字》一书,也赞同唐兰先生的观点,认为汉字“色”的本义为断绝之义。综上可说,甲骨文时期,表示颜色义的“色”字还没有产生。

以东汉许慎《说文解字》为代表的一派认为“色”字的本义指“颜气”。汉字“色”,小篆写作,《说文解字》:“色,颜气也。从人从卩。凡色之属皆从色。,古文。”季旭升先生的《说文新证》一书中,将汉字“色”排在“卩、令、印”之后,也是基于“从卩”的理解。杨树达先生认为:“人之节概表见于颜色,故色从人从卩(按:卩,古同“节”)。”徐中舒先生则认为《说文解字》的说法有误,汉字“色”当是“从人为从刀之误”,“颜气乃借义”。此外,马叙伦先生认为《说文》古文“(色)”,“从颜省,从疑省声”,应是“颜”的转注字。

“色”的造字本义究竟是“从人从刀”表示“断绝”之义,为“绝”字的初文,还是“从人从卩”表示“颜气(颜色)”呢?在早期的文献记载中,汉字“色”表断绝义的用例少见,我们倾向于采纳许慎《说文解字》的“颜气(颜色)”说。

在古代汉语里,“色”字单用时,常见的词义有两类。一类是指脸色、神情,与许慎的释义相同。如《论语·颜渊》:“察言而观色”,《论语·公冶长》:“令尹子文三仕为令尹,无喜色;三已之,无愠色”,《晋书·阮籍传》:“性任不羁,而喜怒不形于色”等。此外,还引申出“生气、变脸、惊惧、怒色”等义项,如《左传·昭公十九年》:“谚所谓‘室于怒,市于色’者”,《公羊传·哀公六年》:“皆色然而骇”,《战国策·赵策四》:“太后之色少解”

等。另一类则是指颜色。如《论语 · 乡党》:“色恶不食”,“色”在此处指的就是食物的颜色。《书 · 益稷》:“以五采彰施于五色”,这里的“色”也指颜色。

法国学者麦里筱指出《郭店楚墓竹简 · 五行》:“见贤人则玉色”,“玉色”指脸色像玉色,此处“色”的用法体现了“脸色”义向“颜色”义的过渡。她还提出,在睡虎地秦简里出现了“手黑色”,可见“色”已不仅仅指脸色,也可指人体的肤色了。

古代汉语里的“颜色”一词,与“色”一样,也经历了从表脸色、神情到表颜色的词义演化。例如,《礼记 · 玉藻》:“凡祭,容貌颜色,如见所祭者”,《论语 · 泰伯》:“正颜色,斯近信矣”,屈原《渔夫》:“颜色憔悴,形容枯槁”,阮籍《咏怀》:“容饰整颜色”,鲍照《拟行路难》:“今日见我颜色衰”,这些都是指脸色、神情等。不晚于唐代,“颜色”可表色彩义。如韦应物的“青青满地铺颜色,曲曲一湾流水声”,岑参的“绿茎碧叶好颜色”,孙鲂的“深绿依依配浅黄,两般颜色一般香”,以及杜甫的“深知好颜色,莫作委泥沙”,等等。

汉民族在先秦时期就产生了五色观。许嘉璐先生认为,“五色”一词的出现,应不晚于战国时期。较早出现于《尚书 · 禹贡》:“徐州,厥贡惟土,五

五行相生相克间色图

引自《间色:卑微者的绽放》,纪学艳著,《中华遗产》“最中国的颜色专辑”(上),中华遗产杂志社,2012年。

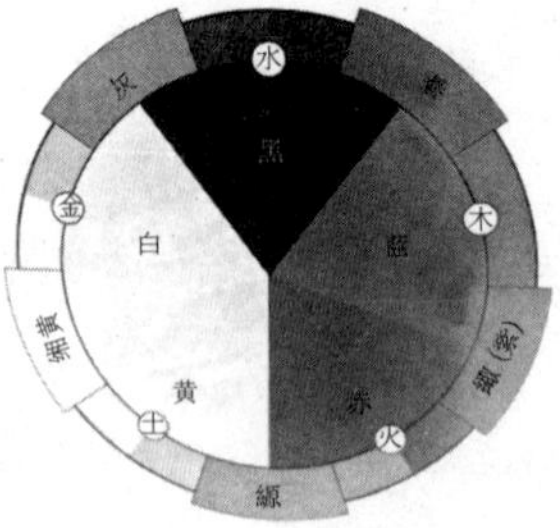

五行相生间色图

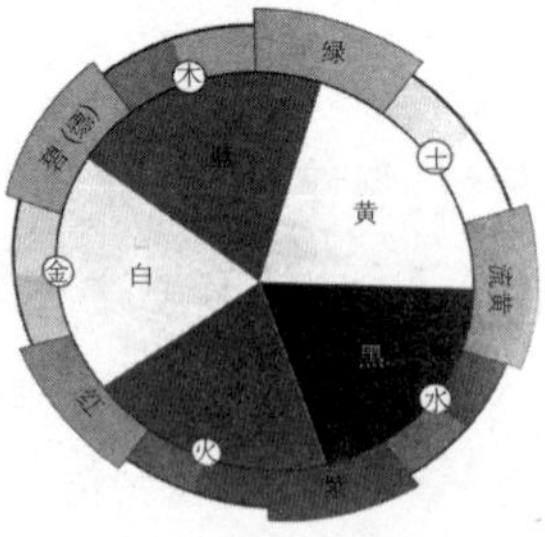

五行相克间色图

色”，而《周礼 · 考工记》则解释了什么是五色：“画缋之事，杂五色。东方谓之青，南方谓之赤，西方谓之白，北方谓之黑，天谓之玄，地谓之黄。”其中，因为玄即黑，所以五色即“青、赤、黄、白、黑（玄）”。这与先民们对世间万物起源于金、木、水、火、土五种元素的五行观相类，五色观也是先民们对纷繁多变的色彩世界的精妙归纳。

在五色观产生的同时，传统中国独有的正色观、间色观也出现了。南朝经学家皇侃认为：“‘正’谓青、赤、黄、白、黑五方正色；‘不正’谓五方间色也，绿、红、碧、紫、骝黄。”从《说文解字》对“绿、红、碧、紫”的释义来看，“间色”或指杂有两种或以上的颜色，而“正色”则是相对于间色而言比较纯正的颜色。除了“青、赤、黄、白、黑”之外，《论语》中说“恶紫夺朱”，“朱”色比“赤”色深，“朱”和“赤”都是“红”的正色。可见，先民们在区分不同的颜色时，不仅区分色相的不同，同一色相的，还从明度、纯度上进行区分，朱色比赤色的纯度更高，而混入了白色和赤色的“红”则明度更高。在《文选》李善注中：“间色有五：绀、红、缥、紫、流黄”，与皇侃的归纳有所不同。相对而言，“正色”是一个比较封闭的范畴，“间色”的所指，则随着古代生产技艺的发展具有一定的“开放性”。如《说文解字》时期，“糸”部字中就收录了“紫、红、绿、缃、绯、绛、绀、缇”等一批与染色业、纺织业发展相关的汉字。

较之现代汉语，古代汉语中与色彩相关的汉字，如“青”，在古汉语里它包含了绿色和蓝色等；而“赤”，则包含了大红、粉红等颜色；还有一批古汉语独有的色彩字，如：缥、缃、缥、缁等，承载了古代中国独有的色彩文化。

中国传统文化里的五色概念，其中“黑”与“白”相对，是有色与无色的对立，更是水墨画、太极八卦、一分为二的哲学观念等传统中国文化的体现。

解题

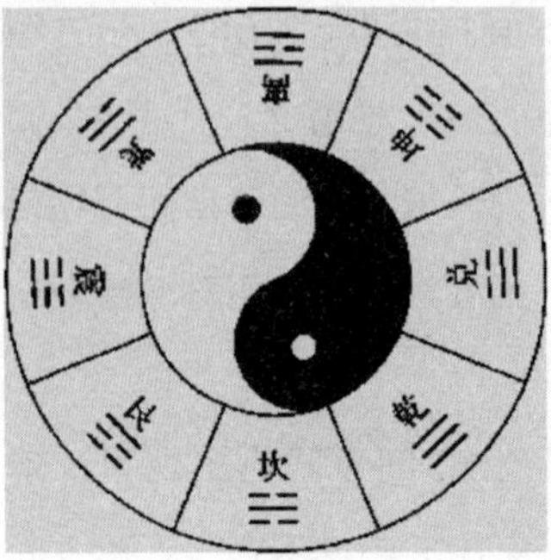

太极八卦图

引自《周易释义》，陈文景编著，上海社会科学院出版社，2015年。

颜色作为一种文化符号，具有鲜明的象征意义。中国传统文化对正色和间色的区分，能起到区别社会地位、身份尊卑的礼制性功能。如《礼记·玉藻》："衣正色，裳间色"，因为"上为衣，下为裳"，正色与间色的地位如果颠倒了，就乱了次序，坏了礼制。

随着现代科学的普及，人们逐渐认识到人眼的可见光波长范围在400—700纳米之间，语言能够命名的颜色却是其中极少数的一部分。在不同的语言环境下，对不同的语言文化使用者而言，他们可以看到同样的色彩，但是对颜色的划分和命名却不一定相同。如何用语言来解释颜色，学者们莫衷一是。什么是颜色？麦里筱认为，在汉字系统里，颜色的原型概念，包括两个汉字：色和采（彩）。

（廖宏艳/文）

〖从“采”花果到“采”色〗

汉字“采”的甲骨文字形，写作，小篆写作，《说文解字》：“采取也，从木从爪。”从造字理据上看，其本义或指采摘树上的花果。由于汉字“采”在词义孳乳过程中，产生了采摘、彩色、色彩等多个义项，在汉字的发展历史上，也相应地通过加偏旁（形符）的方式，派生出“採、彩”等与“采”相关的汉字。表示采摘义的汉字“采”是怎么产生色彩、彩色义的呢？

较早见于文献的表示颜色、彩色义的“采”，有《书经·益稷》：“以五采彰施于五色作服”。于省吾先生在《释大采、小采》一文中提出：“卜辞之大采、小采，就云色言之……言色之多少，以大、小采为区分。”李孝定先生的《甲骨文字集释》则认为：“至何以名之曰大采、小采，窃谓当以日出、入时光彩之强弱及云色变幻之多寡别之。”法国学者麦里筱也认同以“云之多色、光彩之变幻”来解释卜辞中的“采”。她指出：“甲骨文里的大采、小采，还没有脱离它的载体‘云’。”这或许可以解释为什么“云”和“霞”可以分别和“采（彩）”组合成词。例如，云彩、彩云；彩霞、霞彩。

麦里筱还提出：“‘采’字的语义，在当时以及后来，只停留在‘带有色彩’这个含义上”。色可以是单色、多色、双色、四色，而采（彩）则蕴含了“多色”的义素内核。因此在现代汉语里，除“多彩”之外，相应地一般不说“单采、双采、四彩”。这或许也可以用来解释，当回答是特指某种颜色的时候，现代汉语一般能用“这是什么色”来提问，而一般不能用“这是什么彩”来提问。

彩色与色彩，是一对同素逆序词，词的内部结构有不同，前者是偏正式，后者则是联合式。前者的“彩”指多彩，后者的“彩”与“色”同义。“色”在前者具有类词化的作用，“彩色”与红色、绿色、蓝色等一批“颜色词＋色”的词语结构相同。

“颜色词＋色”的搭配，先秦时期就有不少的用例。如《管子》中就有白色、青色、赤色等，一般就是指的具体的某种颜色。汉代以后，“颜色词＋采”也出现了一些搭配用例，如丹采、青采、绛采、素采、翠采、黄采等，这些颜色词

三彩胡人腾空马

引自《中国陶瓷名品珍赏丛书：唐三彩》，上海人民美术出版社，1998年。

一般也可与“色”搭配，有时会产生不同的词义。例如，“素采（彩）”可以指月光，“素色”就没有这个义项。“青采”指青色的彩衣，“青色”则指一种颜色。此外，“颜色词＋色”的搭配范围比较大，这也是与“颜色词＋采”不同的地方。例如，可以说绯色，但不能说绯采。中色可以说，特指中央之色即黄色，中采（彩）则并非表某种颜色。类似的情况还有卵色、古铜色、水色、月色，等等。

上文所引《尚书》中同现了“五采”与“五色”，五色与五采（彩）有没有区别呢？“五色”本义指“青、赤、黄、白、黑”五种正色，在“五色令人目盲”中，“五色”泛指各种颜色。“五采（彩）”也有这两种义项，五彩还可以特指始于宋元时期的瓷器釉彩名，“唐三彩”的彩也是陶瓷术语里特有的，并不能换成“色”。

清康熙五彩牡丹纹缸

引自《瓷器上的国色天香》，汤兆基编著，上海书店出版社，2015年。

在写完颜色的原型概念“色”和“采”这两个汉字之后，如何展现色彩世界里，黑色与白色的永恒、红色的热情、黄色的古朴、蓝色的浪漫、绿色的希望、青色的多变、紫色的高贵……，就成了这本小书的写作目标。

（廖宏艳/文）

单色篇

江天一色无纤尘

【人见人爱的“红”】

人类学家列维·布留尔认为，人类尚“红”源于由红而联想到太阳、火、血液与生命的这种“原始思维”。

德国艺术史家格罗塞在《艺术的起源》中说：“红色，尤其是橙红色，是一切民族都喜欢的，原始民族也同样喜欢它。”歌德在《色彩论》中提出，橙红色是最有气力的颜色，它能激发无比的情感力量。这或许是因为在远古的狩猎生活中，人们总是在狩猎或战争的热潮中，或者说是在他们感情最为兴奋的时候看见红的血的颜色。

据考古发现，在我国山顶洞人遗址中，尸体周围撒有赭石这种红色颜料。在河南安阳的殷墟小屯墓葬中，还发现了人骨涂朱的现象。考古学家贾兰坡先生在《山顶洞人》中说：“中国山顶洞人的人体装饰中所有装饰品的穿孔，几乎都是红色，好像是他们的穿戴都用赤铁矿染过。”李泽厚先生在《美的历程》中提出山顶洞人的撒红粉活动，源于一种原始的巫术礼仪。

撒红粉、涂朱、用赤铁矿染色，在死去的人身上，留下血一样的红颜色，如果是一种巫术礼仪，那么，它大概是先民们为死去的人祈福，祈求气血衰亡的人重获生命，生生不息。据研究，世界范围内的70%原始先民们，选择红色作为部落图腾色。

在汉字世界里，原始部落时期表达红色的最常用汉字，是“赤”字。汉字“红”，甲骨文时期，尚未出现，金文时期或已出现，“红”在战国时期的江陵竹简中，写作，在睡虎地秦简中，写作，小篆写作。《说文·糸部》收“红”字，“从糸，工声”。红，是一个形声字，形符“糸”楷化后，简化了字形，变成了今天的“纟”旁，而声符“工”却是一直未变的，直到现代汉语中的“女红”，红还念作“工”。

红，读作gōng时，可与“工”相通。如《汉书·郦食其传》中的“农夫释耒，红女下机”，《汉书·景帝纪》中的“农事伤，则饥之本也，女红害，则寒之厚也”，“红女、女红”中的红，指的是女子所做的纺织、刺绣、缝纫等工作。“红”还可与“功”相通。如《汉书·文帝纪》中“服大红十五日，小红十四日”，颜师古认为，此处大红为大功，小红为小功，都是古代的丧服名。

红，读作hóng时，可表颜色。通过检索汉代以前的文献，我们发现，汉字“红”用于颜色义时，出现的频率远远低于甲骨文时期就出现的颜色字“赤”。先秦文献中，有零星散见于《论语》的“君子不以绀緅饰，红、紫不以为亵服”中的“红”，以及《楚辞》的“红壁沙版，玄玉梁些”中的“红”。《说文》：“红，帛赤白色”，赤白色指赤色中有白色。因此东汉及以前的“红”都是指一种比赤色浅的颜色。赤色是南方的正色，红则属于间色，因而孔子认为，间色红和紫都不能作为君子所穿常服的颜色。

作为正色的“赤”，象征着南方的炎火之势，“赤”字也常用于与上古神话传说、帝王权贵权势相关的语境。学者认为，“赤”字在汉代以前，已经引申出多个义项，为了消弭“赤”字多义性所带来的表达不便，在表达红色义的词义场里，用当时义项还不多的“红”来代替“赤”，是可以减轻赤的表义压力的。

汉代以后，汉字“红”逐渐代替“赤”，可表达赤色义。据学者研究，唐代时，“红”的适用对象逐渐扩大，搭配组合渐渐增多，已经成为红色语义场的主导词位。以唐诗为例，“王维诗”红与赤的用字比例，大概为3 ： 1；到中晚唐，“李贺诗”红与赤的用字比例，已达到9 ： 1。

传统五色观里，作为间色的“红”，是五种基本色调之外新产生的颜色。它得益于纺织技术的发展，代表了染色工艺的精进，“红”是由正色赤与正色白所配合而得到的一种更为鲜艳的颜色。

在庙堂之外的更为广阔的日常生活里，红，扎根于民间，尤其是鲜艳而温暖的红色，象征了蓬勃的生命力，延续了原始人类尚“红”的传统而备受喜爱。从汉语词汇里找寻人们所喜爱的“红”，恰恰可以发现汉字“红”寓意旺盛的生命力。

崇尚血一样有生命力的红色，于自然万物，或是花开之红；于人类自身，或是气血之红；于人工事物，或是妆饰之“摹”红；于“抽象”的经济生活，则是红尘世界里的红红火火。一个庞大的爱“红”词族，恰如一部热闹的市井生活发展史。

据《说文解字》所释，汉字“红”本用于丝帛之色，较早出现的如“红罗”。《孔雀东南飞》里刘兰芝自陈“妾有绣腰襦，葳蕤自生光，红罗复斗帐，四角垂香囊”，《羽林郎诗》里胡姬自陈“贻我青铜镜，结我红罗裾，不惜红罗裂，何论轻贱躯”，如同屈原以香草作为配饰来譬喻追求高洁的品质一样，传统诗词塑造人物形象时，往往以人物的衣饰穿着来作譬喻。刘兰芝和胡姬的"红罗"，也就不仅仅是一种常用来制作女性的衣裙的红色轻软丝织品，它突出展现的是年轻的生命力和女性的柔美气质。

在汉代以降的诗赋中，也不乏"红罗"的身影。白居易《杂曲歌辞》"正抽碧线绣红罗，忽听黄莺敛翠蛾"，毛滂《小重山》"红罗先绣踏青鞋"，明代《去妇词》"忆昔当年初嫁君，明珰翠袖红罗裙"，郑琰《半生行》"秋荷捧朝露，难将纫作明月珠。秋林落晚霞，难将剪作红罗襦。"

除了红罗，还有红裙、红袖、红巾、红裳等，也都是常见的丝帛之红。由"茜茜红裙好女儿，相偎相倚看人时"（李郢诗），到"却忆金明池上路，红裙争看绿衣郎"（王安石诗）；从"爱将红袖遮娇笑，往往偷开水上莲"（施肩吾诗），到"江上翠娥遗佩去，岸边红袖采莲归"（徐夤诗）；从"摘尽庭兰不见君，红巾拭泪生氤氲"（李白诗），到"莫怪红巾遮面笑，春风吹绽牡丹花"（白居易诗）；从"头变云鬟面变妆，大尾曳作长红裳"（白居易诗），到"昨日红裳伴燕游，渚花争好草争柔"（陆佃诗）。红裙、红袖、红巾、红裳，唐代以后都可以指代美女。以丝帛之红譬喻佳人，也是汉语世界里尚"红"的一种体现。

红花

引自《本草纲目彩图版》，天津古籍出版社，2006年。

丝帛如何染上人们所喜爱的红色呢？最常见的植物性染料，即“花开之红”，如红花，便含有天然的红色色素。

白居易在《红线毯》中写道：“红线毯，择茧缫丝清水煮。拣丝练线红蓝染，染为红线红于蓝。”“红蓝染”中的红蓝指红蓝花。红蓝花的叶子长得像蓼蓝，夏季开红黄色花，又称红花。《天工开物》“红花”条：“红花入夏即放绽，花下作梂汇多，刺花出球上。采花者必侵晨带露摘取。……若入染家用者，必以法成饼然后用。”

在相关传世文献中，宋应星介绍的制作红花饼的方法是：将摘下来的红花捣烂，用清水漂洗，用布袋网住、绞干去除黄色的汁水，加酸粟或米泔水再捣烂后，又淘洗一遍，并绞干去汁，然后用青蒿覆盖一晚，将它捏成薄饼状，于阴干处收贮。

这种方法制成的红花饼，可以染出猩红色等深浅不同的红色。这种猩红，可以描摹石榴花的红，“柳丝曳绿，正豆雨初晴，水天朱夏，石榴绽也，看猩红万点，倚亭攲榭”（张半湖词）；也描绘海棠花的红，“猩红带露海棠湿，鸭绿平堤湖水明”（陆游诗）。唐人李中的《红花》诗中说：“红花颜色掩千花，任是猩猩血未加。染出轻罗莫相贵，古人崇俭诫奢华。”可见，红花染色工艺的繁复和精贵。

红蓝花不仅可以用来制作染丝帛色的红花饼，它的花汁经过精炼提纯之后还可以用来制作胭脂。胭脂，在古代又称燕脂、燕支、焉支等。

五代马缟在《中华古今注》中解释了“燕脂”一词的来由：“盖起自纣，以红蓝花汁凝作燕脂，以燕国所生，故曰燕脂，涂之作桃花妆。”“燕脂”，燕为产地，脂指护肤油脂。明代李时珍在《本草纲目》中记载了四种制作燕脂的方法：“一种以红蓝花汁染胡粉而成……以染粉为妇人面色者也。一种以山燕脂花汁染粉而成……土人采含苞者为燕脂粉，亦可染帛，如红蓝者也。一种以山榴花汁作成者……一种以紫矿染绵而成者……今南人多用紫矿燕脂，俗呼紫梗是也。”

晋代崔豹《古今注》中说：“燕支……出西方，土人以染，名为燕支，中国人谓之红蓝。”其中，“燕支”是当地人（中原以西）对红蓝花的音译。《玉台新咏》中说：“北地燕支，偏开两靥”，也可见燕支并非中原产物。

在汉乐府诗中，“亡我祁连山，使我六畜不蕃息；失我焉支山，使我妇女无颜色。”“北方有焉支山上红蓝，北人采其花染绯，取其鲜者作胭脂，妇人妆时用此颜色，殊鲜明可爱。”可见，焉支本为地名。

在先民的生活中，胭脂是古代最为重要的一种化妆品，它凸显了女性面色的红润，使表情灵动，富有生气，因而备受历代女性的喜爱。据考古发现，早期汉墓已出土胭脂类化妆品。或许我们可以认为，女性的胭脂妆容应不晚于秦汉。汉代以后，女性爱红妆日益显盛。《木兰辞》中“阿姊闻妹来，当户理红妆”；《从军行》中征人归来，“小妇赵人能鼓瑟，侍婢初笄解郑声，庭前柳絮飞已合，必应红妆起见迎”。可见，迎接归来之人，妇人必整饬盛妆——红妆。

唐代饰酒晕妆的仕女

引自《中国设计全集 卷8 服饰类编·容妆篇》，许星、廖军主编，商务印书馆，2012年。

尚“红”的审美观，使得不少胭脂品种以“红”命名。如点唇用的胭脂，有大红春、小红春（《清异录》）；如唐代时腊日宫廷赐物中的红雪（王建《宫词》“黄金合里盛红雪，重结香罗四出花”），就是一种珍贵的化妆品，刘禹锡说“泽可饰容，顿光于蒲柳”（蒲柳比喻未老先衰，此处指“红雪” 可延缓衰老），与红雪相类的面脂还有紫雪。有学者认为，唐时出现的彩色面脂，加入红或紫的色素，使得面脂在滋润肌肤的同时，还可以修饰不同的肤色。另如“楼中女儿十五六，红膏画眉双鬓绿”（欧阳修诗）、“新安野妇双鬓垂，红膏涂靥深画眉”（周紫芝诗）中的红膏，也是一种胭脂名。

在古代绘画史中，画家用的胭脂，颜料不只红蓝花一种，还可用茜草根、紫矿。于非闇认为，茜草根染出来的颜色比红蓝花更红。李时珍《本草纲目》“紫矿”条说：“紫矿出南番。乃细虫如蚁、虱，缘树枝造成，正如今之冬青树上小虫造白蜡一般，故人多插枝造之。今吴人用造胭脂。”紫矿是一种天然的虫胶，不溶于水，可以制成紫红色的颜料。

由于这种胭脂还不够亮，不够厚重，人类尚红的审美观促使着大自然的颜料盘不断进化。一种安全无毒由自然界能制造出来的最红的颜料——胭脂虫红（cochineal）在十六世纪时，开始由神秘的美洲运抵世界各地。由于西班牙殖民者掌控了它的生产和销售，使得胭脂虫红身价一度数倍于黄金。这也促使胭脂虫红一度成为当时时尚界里最昂贵的服饰颜色，随即也成为了当时象征权贵地位的一种颜色。

对于中国人来说，这种更亮、更厚重的红色颜料或许来自于“马尼拉大帆船贸易”。1580年，“马尼拉大帆船贸易”开通了澳门－马尼拉航线。按照“马尼拉大帆船贸易”整个航程需要两年的时间来计算，大约在1582年的时候，澳门－马尼拉航线的回程货物中，就装载了这种来自美洲墨西哥的红色颜料。如果这个推测成立，那就可以解释为什么在《中国画颜色的研究》里，于非闇会有“胭脂虫红1582年传入中国”的说法了。

同时，胭脂虫红是一种动物质的沉淀色料。它是由热带胭脂虫粉末加工而成的，也称为西洋红、洋红。洋红“呈色温暖、艳耀非常”，做成水性颜料，光稳定性极佳，可以保存数百年仍旧艳丽如新。尤其在花卉画中，洋红可以反复涂染而颜色厚重且鲜艳，远胜于传统胭脂。到了民国时期，天然胭脂虫红染料可以用人工合成的色素代替，西洋红大部分变成了人工合成品。虽然真正的胭脂虫红颜料难以买到，但它仍旧是不少大画家的“宠儿”。

在近代海派画家里，吴昌硕是最会用西洋红（洋红）的一位。有评论称“吴昌硕喜用西洋红，能得奇艳而又沉着的效果，这可说是对中国画用色的拓展”。在吴昌硕的画里，西洋红变成了古艳风格的点睛之笔。同时，深受吴昌硕影响的国画大师——齐白石，也是善用西洋红的高手。他首创了“红花墨叶”画法，即用鲜艳的西洋红画花朵，用浓墨绘花叶，二者形成鲜明的对比。

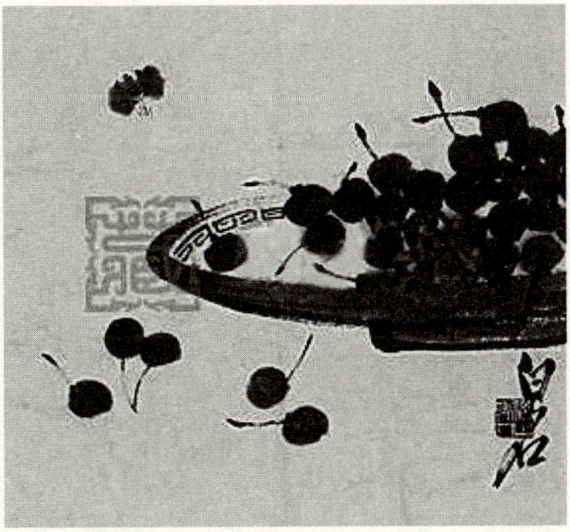

蜜蜂樱桃

引自《齐白石画集》，人民美术出版社，2003年。

艾青在《忆白石老人》里提到，他曾在伦池斋看到一张齐白石画的樱桃，便立刻去齐白石家求画。齐白石画完后，艾青觉得颜色没有伦池斋看到的好，白石先生答道："西洋红没有了。"艾青又折回到伦池斋，最终还是花了高价买下用西洋红画的樱桃。艾青先生还补充道，他后来将画作拿给吴作人看，吴作人先生表示曾在某个展览会看到过，整个展览里就属这张画最突出。

齐白石先生不是吝惜使用西洋红的画家。相反，他的弟子吕宜园描述齐白石所赠画作《扇面牡丹》时描述道："牡丹的花头几占扇面的三分之一，红艳照人"，并引用王雪涛的评价："这得多少西洋红啊！他真舍得用西洋红！"吕宜园文中还提到，加一笔西洋红，整幅画的价格就要上涨10% ~ 20%，可见，用胭脂虫红制成的天然颜料在当时的身价之高。

胭脂虫红在油画画家的颜料盘里，就显得非常脆弱了。英国国宝级画师特纳 (Turner) 用胭脂虫红在油画《劈风之浪》(***Waves Breaking against the Wind***) 里画了一抹红宝石般的落日晚霞，然而用胭脂虫红调制成的油性颜料，仅仅数月就会严重褪色。即便如此，像透纳这样的大师，却仍旧偏爱这种无法持久，却最为耀眼的红色。

在爱"红"这个词语族群里，丝帛之红、花开之红，都展现了对于生命和青春的赞美。"红"因此派生出与生命延续相关的词。例如，在象征姻缘的语境里，"红"是一个常见的符号。如唐代的"红叶"是传情的媒介，"红叶题诗"与结成良缘同现；撮合了莺莺和张生的婢女"红娘"成了后世所谓"媒人"的同义词；在与婚嫁生育相关的语境里，也有红纸、红包、红盖头、红嫁衣、女儿红、红蛋……等一系列的"红"。红在世俗世界里，是热闹而富有生机的，车水马龙叫红尘紫陌，生意兴隆盼着红红火火、红利多多。

红，还可以象征有情有义的女性形象。早在唐传奇里，就有不少女侠以"红"冠名。诸如英勇救主的盗盒"红线女"，慧眼识英雄、义气相挺的夜奔

“红拂”，勇敢追求幸福的“红绡”等。更别提中国四大名著之一的《红楼梦》了。作为中国古代小说的集大成者，《红楼梦》可谓是一部赞“红”的代表作。曹雪芹认为这些红楼中的大家闺秀们，“行止见识皆出于我之上”，此书可“使闺阁昭传，复可悦世之目，破人愁闷”，然而，在显现倾颓之势的华屋下，这些天资优异、至情至性的红楼女性们，却最终是“千红一窟（哭），万艳同悲”，令人扼腕叹息。

（廖宏艳/文）

〖“赤”日炎炎似火烧〗

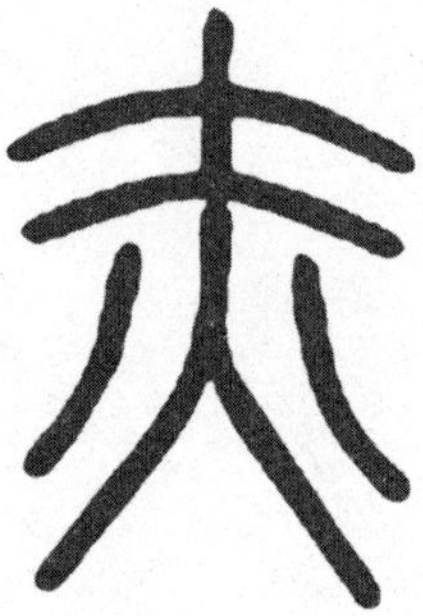

作为上古五正色之一的“赤”，究竟是一种什么样的颜色？它在汉字文化里，又有着怎样的“面孔”？

《水浒传》里说：“赤日炎炎似火烧，野田禾稻半枯焦。”“赤日炎炎似火烧”一句，倒是为我们提供了“赤”的一种造字理据：赤，是火的颜色。

胡朴安先生说，“赤”字的出现，与远古狩猎时代最重要的生产要素“火”有关。在好莱坞梦工厂制作的影片《疯狂原始人》中，男主角携带着火种登场，开启了穴居原始人新世界的大门。如果你还记得影片情节，大概可以身临其境地感受到火的重要性。火可以帮助原始人狩猎，抵御野兽的攻击，可以照亮黑夜，可以加热食物……，这些都源于火的力量。在原始社会的漫漫长夜里，或许就是这散发着热量的火光，陪伴着人类走向文明世界。先民们或许为了将黑暗世界里的这抹颜色记录下来，创造了“赤”字。

在甲骨文里，已经出现了“赤”的身影，而到了金文时期，“赤”就更为常见了。“赤”在甲金文、小篆时期，字形基本没有大的变化：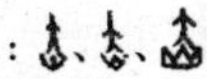（《甲骨文编》），（《金文编》），金文中的“”与《说文》小篆“”就十分相似了。小篆时期，“赤”的符号性得到增强，基本形成了“上为大、下为火”的汉字形体结构。

《说文解字》：“赤，南方色也，从大从火。”许慎以五行的观点来解说赤，因南方五行属火，“赤”是大火之色，所以是南方的正色。段注中说赤“从大者，言大明也”，饶炯说：“南方阳盛之区，其象昭著，火为之行，色赤，赤者，光明显耀。凡火皆有明著之象，然微则荧荧，大则赫赫，故赤从大火会意。”可见，“从大从火”的“赤”，是明亮的火焰之色。

到了楷书时，“”演变成为今天的“赤”，部件“⺌”是火的变形，上部则由“大”变成了“土”。其实，《说文》“赤”部，就收了一个“从土”的古文“烾”（以及“𤆍”字）。汪涛先生认为，在“赤”的字形演变过程中，“土”扮演了声符的功能，“赤”和“土”有语音上的联系，可能是同源字的关系。

钻木取火
引自《中国古代民间传奇》，徐潜主编，吉林文史出版社，2014年。

远古社会对火的崇拜，使得源于火之红色的“赤”字，也寄托了先民们对未知世界的神话式想象。

《淮南子 · 墬形》：“赤泉之埃，上为赤云，阴阳相薄为雷，激扬为电，上者就下，流水就通而合于赤海。”水蒸腾成为天上的云，云积为雨，流入海，水变幻莫测的形态，在古人看来代表了上苍的某种神力。因此衍生出的赤水、赤海一类词，在古人的词汇系统里便多与神话传说相关。赤海是传说中南方的海，赤水是神话传说里河流的名字。赤水，还见于《庄子》“黄帝游乎赤水之北，登乎昆仑之丘而南望”；《山海经》“三珠树在厌火北，生赤水上，其为树如柏，叶皆为珠。”黄帝所游历的赤水发源于昆仑山的东南隅，而传说中叶子粲如珍珠的三珠树，也生长在赤水的北岸。除赤水、赤海之外，还有员丘山上使人“饮之不老”的赤泉，以及今天的内蒙古赤峰地区，古乌桓人传说中可以“护死者神灵”的赤山。

神仙皇帝与“赤”也有缘。例如，上古神话里的炎帝神农氏，火神祝融氏，又叫赤氏、赤帝、赤熛怒，而赤人，却指水神。赤九，指东汉光武帝刘秀，因汉代尚赤，刘秀是汉高祖第九代孙，故有此称。赤松子、赤将子舆和赤斧，都是《列仙传》里的神仙，炎帝的女儿跟随赤松子学习仙道，赤将子舆“不食五谷，而啖百草花”，“能随风雨上下”，赤斧“如童子，毛发生皆赤”。古人敬鬼神，相信人死后有灵魂，唐人李隐的《潇湘录》里记载了一个“赤丁子”报恩的传奇故事。洛阳人牟颖埋葬了一具曝露于郊野的骷髅，鬼魂允诺牟颖，但凡牟颖有所求，只要叫一声“赤丁子”，一定前来相助。读者看到这里，是不是会想到阿拉丁神灯的故事呢？而到了北宋陆游的《醉吟》诗里，却变成了感叹“驱使难凭赤丁子，传呼底用苍头儿”，可见，神秘的鬼仆不可期，而勤勉的苍头儿才是主家的助手。

与神仙、神力相关的赤类词语，如赤虯、赤鲤则是传说中仙人的坐骑。“虯”同虬，虬是传说中的一种无角龙，张正见在《神仙篇》中写道：“西王已令青鸟去，东海还驭赤虬来。”《搜神记》里说“琴高……乘赤鲤鱼出”。李白诗“赤鲤涌琴高，白龟道冯夷”。神仙们水上驾驭的坐骑，一般是龙、龟、鱼一类。此外，《尚书》里的宝刀叫赤刀，李善注《西京杂记》说“东海人黄公，少时能幻，制蛇御虎，常佩赤金刀”，赤金刀也是能斩蛇敌虎的宝刀。

在以色别等级的封建文化里，赤作为五正色之一，常用于统治者及与皇权有关的事物。如《诗经》“公孙硕肤，赤舄几几”，赤舄是古代诸侯、天子所穿的鞋子。在天子祭祀所穿的吉服中，赤舄是最庄重的鞋履。孙诒让说，因为祭祀吉服是最庄重的，所以用赤色来装饰且不掺杂别的颜色。《管子》里也说“君服赤色”。官服上系在印纽上的丝带叫作绶，在颜色方面也是有讲究的，赤绶是诸侯王的身份象征。赤城、赤霄是帝王的宫城。(其中，赤霄是多义词，除了表示宫城之外，本义原指极高的天空，还可指传说中的古剑名，即汉高祖的斩蛇剑) 赤轩指帝王殿堂前的平台。赤社是天子封土立社时象征南方的社土。赤府、赤令、赤邑和赤县，则分别指天子脚下的大州及其官吏、县令和县城。赤畿则比赤邑和赤县还要低一个等级。我们今天还会用到的“赤县神州”，在古汉语中可表中原，也可代称中国。清人黄遵宪说:“岂知赤县神州地，美洲以西日本东。”此外，“赐燕荔阳王印绶，赤车参驾”里的赤车是显贵们乘坐的车，“赤车奔驰，法冠晨夜”里的赤车却是指收捕犯人的官吏所乘坐的车 (又叫近小使车)，均见于《后汉书》。

绶

引自《中国服饰美学史》，蔡子谔著，河北美术出版社，2001年。

赤，也与古代谶纬家所谓的帝王受命的祥瑞有关。例如赤伏符、赤文、赤甲等，以及“赤雀衔丹书”。相传周文王时期，有赤雀衔着丹书降落在西伯家里，传达上天的旨意，后来，周文王的儿子周武王"果然"推翻了殷纣王的统治，建立了周朝。与"赤"相关的祥瑞之物，还有赤蛇等。有时候，表面上是同一个名称，却有吉和不吉两种语义。例如，赤鸟是古代传说中的瑞鸟，而在"赤鸟夹日"中，则指赤云夹日如飞鸟，是不祥之兆。由于赤是火色，可引申为兵火之争，如"赤风"指天赤色有大风，预示着兵灾；星宿散发赤色光，叫"赤角"，预示着兵战；相类的还有赤祥、赤眚（眚，本义指眼睛生翳，引申指日蚀、月蚀，古人认为是灾异的现象）等。

赤，也用于自然界的事物。太阳称赤萍、赤帜；良驹有赤骥（《穆天子传》："天子命驾八骏之乘，赤骥之驷，造父为御，南征翔行"）、赤骝、赤兔（《三国志》："人中有吕布，马中有赤兔"，另《绣戈袍全传》中有"赤兔西沉"，赤兔，是白兔赤乌的简省，还可以赤兔喻指太阳）、赤血马、赤汗马；兽类有赤豹（《诗经》："赤豹黄罴"）、赤狐（《诗经》："莫赤匪狐"）；禽虫类有赤鸡、赤足蜈蚣等；植物类有赤槿、赤杨等。另，赤卒、赤弁丈人、赤衣使者，都是以拟人的手法来命名蜻蜓。

因汉人尚赤，用赤命名的地名、建筑也较为常见。例如赤郭、赤鼻矶、赤壁、赤坂、赤亭等。历史上一些尚赤的少数民族，也以赤冠名，如尚赤衣的赤狄（也写作"赤翟"）。

赤，还见于人体自身。如赤宅（脸的别称）、赤面、赤髯、赤眉等。赤眉，以赤色涂眉，代指汉末以樊崇为首的农民起义军。李白诗中说"赤眉立盆子，白水兴汉光"，就描述了西汉末年，赤眉军拥立刘盆子为帝，推翻新莽政权，而枣阳白水人刘秀结束了战乱，成就了"光武中兴"的稳定局面。另如，成语"赤髭白足"，指有道行的僧人。赤髭指"赤髭毗婆沙"，耶舍佛陀留着赤须，善解《毗婆沙》经，故有此称，而白足指白足和尚，传说他光脚行泥路，脚却不湿。

《赤鸟图》砖画石刻
引自《图说中国酒泉古代砖画》，姚舜飞、姚舜腾编著，甘肃文化出版社，2013年。

“赤衣”的情况稍微复杂一点。“天子衣赤衣”，赤衣是显贵者所穿，但《新序》“赤衣塞路，群盗满山”里的赤衣则是罪犯穿的衣服，这种衣服又称“赭衣”，《说文》“赭，赤土也。从赤，者声”，古代囚衣以赤土染红，所以叫赭衣。

义符从“赤”的汉字，细微地表达了色相为赤，而彩度、明度各有不同的“赤”类色彩字。例如，赤土为赭，赭是一种暗淡的红褐色泥土之色。《说文》中，大赤为赩，指明亮的赤色。如杜甫诗“森青冥而欲雨，赩光炯而初昼”。郭璞注《尔雅》说，浅赤为赪，《诗经》里有“鲂鱼赪尾”一说。《玉篇·赤部》说赮，绛似雀头色，赤色中带黑的颜色。宋代赵叔向《肯綮录·俚俗字义》：“人面色紫曰赯”。因羞愧而脸色发红的赤色叫赧，如“赧颜”。清代孙锦标在《南通方言疏证》中说：“赩，俗以红色为红赩赩”。另外，胭脂也写作赨赦。赮，霞的古字，《玉篇·赤部》说：“赮，东方赤色也”。在《说文》赤部字中，还有赨、赧、赩、赪、赧、赪、浾、赫等，他们都具有一个相同的义素“赤（红色）”。

大概是因为赤字产生的年代久远，在词义孳乳过程中，赤字产生了诸多后起义项，使得其别义功能相当繁杂。而到汉唐时，原本表示浅红色的“红”，逐渐替代了“赤”的地位，使得赤的红色义逐渐衰落。

赤除了颜色义外，还衍生出以下义项：受五行说影响，赤，为南方正色，

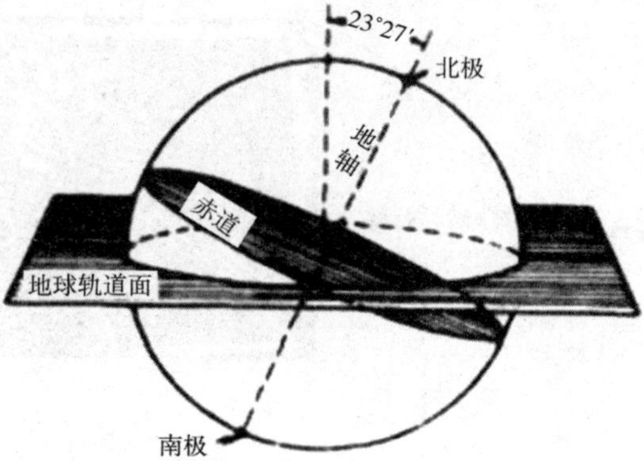

赤道

引自《图说中国少年儿童百科全书》下卷，《图说中国少年儿童百科全书》编委会编，中央编译出版社，2007年。

故又可借指南方，如赤方、赤位；因汉朝尚赤，故可借指汉朝，如赤德；《说文》段注中说："赤色至明，引申之凡洞然昭著者，皆曰赤。如赤体，谓不衣也。赤地，谓不毛也。"还引申出动词义诛灭，如扬雄《解嘲》篇"客徒朱丹吾毂，不知一跌将赤吾之族也"，柳宗元《与韩愈论史官书》"范晔悖乱，虽不为史，其宗族亦赤"，蒲松龄《聊斋志异·小翠》"此祸水也，指日赤吾族矣"等，以上所说的"赤吾之族、赤吾族、宗族亦赤"中的赤均表诛灭。由洞然昭著、无所遮蔽，可抽象化地表达人的情感特质：纯真，进而引申为纯善之义，如赤胆、赤心、赤胆忠心；另赤子之心和赤子，除了表示婴儿、人民、百姓之外，在现代汉语里，还引申出对故土怀有纯真感情的人，如海外赤子等。

孔子说"君子欲讷于言而敏于行"，唐李观《祭伏波神文》则说"小人赤口"，陆游说"赤口能烧万里城"，因而在传统文化里"谨言"是君子之德。在民间旧俗里，赤口可指一种恶神，主斗讼之事等。旧俗认为农历五月五日为恶月恶日，因此在端午节这天，要书帖悬门以辟邪消灾："五月五日午时书，赤口白舌尽消除。五月五日天中节，赤口白舌尽消灭。"

赤与中国画的关系，与金箔相关。中国画上常见的苏州金箔，有大赤、佛赤、田赤三色之分。大赤，指金的本色，佛赤则是深一些的金色，而田赤则是淡黄色的金色。

赤类常用词还有赤道。浑天说者认为，天体是个浑圆形的球体，赤道即指天球表面距离南北两极相等的圆周线。现代天文学称之为天球赤道。地球赤道之说较早见于清徐继畬的《地球志略》："地球从东西直剖之，北极在上，南极在下，赤道横绕地球之中，日驭之所正照也。"《月令》中说："立春、春分，日行青道；立夏、夏至，日行赤道；立秋、秋分，日行白道；立冬、冬至，日行黑道。"以五色观点来看，夏天，属火，五色为赤。所以，相对于白道、黄道而言，就有赤道一说了。

（廖宏艳/文）

〖“丹”枫染秋色〗

在上古汉语中，红色系颜色词有：丹、朱、赤、赭、彤、绛、红、绀、赪、緅等。从汉字的结构类型看，这一时期从“糸”表丝帛之红的，有大红色的“绛”，表桃红、粉红的“红”。此外，“绀”是深青透红，“緅”是黑中带红。形声字“赭、赪”形符均为“赤”，即以火的颜色为造字理据；这样，剩下来的还有“朱”和“丹、彤”，其中，“彤”的形符为“丹”，《说文解字》：“彤，丹饰也”，“彤”和“丹”意义相近。而“丹”与“朱”作为颜色字，在文献中常连用，如“丹朱、朱丹”等，多指朱砂或丹砂。这十个汉字中，赤、朱、丹，都是上古时期的正色，颜色主要来自朱砂，三者的区别在于深浅有不同，“丹浅于赤”而“朱深于赤”。

从字形演变上看，甲骨文中“丹”写作，金文中写作，秦简牍文字中写作，古文中写作，小篆中写作，字形变化不大。《说文解字》认为，“丹”的字形“像采丹井”，指从矿井中获取的丹砂，也有人认为，像竹筒中盛放着朱砂。

竹筒澄漂朱砂的方法

引自《中国画颜色的研究》(修订版),于非闇著,北京联合出版公司出版,2013年。

关于“竹筒澄漂朱砂的方法”,于非闇先生在《中国画颜色的研究》中有详细的介绍。其主要工序是,将研细的朱砂倒入竹筒内,混入广胶胶水拌匀,兑入清水,将竹筒用微火煮。值得注意的是,水不要煮沸,待朱砂胶液煮干,等朱砂干透后,竹筒内的朱砂就煮成了国画颜料所用的朱标、头朱和二朱:上层的黄色为朱标,往下向红色、紫色过渡,二朱居中,是鲜艳的正红色。

“丹”的本义应为朱砂、丹砂。《说文解字》:“丹,巴、越之赤石也。”左思在《蜀都赋》中说“丹沙赩熾出其阪”,《吴都赋》中则有“赬丹、明玑、金华……”,其中,“赩熾”指红如火的颜色,“赬”也指红色。可见,巴蜀、吴越等南方地区产红色的丹砂。古文献中的丹还有别的颜色,如《山海经·大荒西经》中的白丹、青丹,《白虎通》中的黑丹,以及《本草纲目》和《天工开物》中可用作颜料的黄丹等。此外,形符从“丹”的汉字“雘”,可以泛指好看的彩色,孔颖达说:“雘是彩色之名,有青色者,有朱色者。”

受道教文化影响,道家炼药以朱砂为主,所炼的药又称为丹。段玉裁《说文解字注》中说“丹者石之精者,故凡药物之精者曰丹”,“丹”也逐渐衍生出了金丹、人丹、灵丹妙药等词。丹,还可以代指道教之物,例如丹箓、丹钥、丹简等。

西安唐邠王府出土的炼丹器

引自《中国科学技术史稿（上册）》，杜石然、范楚玉等著，科学出版社，1982年。

作为正色的“丹”，多用来形容与皇权、贵族相关的事物，这一点与“赤、朱”相近。用朱漆粉饰的宫廷事物，如丹楹、丹地、丹宫、丹辇、丹屏、丹掖、丹殿、丹禁、丹陛等，用朱笔书写的贵重事物，如丹诏、丹篆等，还可以指祥瑞类事物，如丹鸾、丹鹊等。

丹砂在古代的使用范围比较广泛，多用于书写文书及其相关场合，如“丹书”一词，几乎涵盖了“丹”的几种主要义项。宋人洪迈在《容斋续笔 · 太公丹书》中注意到了这个现象：丹书，除了用于象征帝王受命的祥瑞现象“赤鸟衔丹书”之外，还有《左传》中斐豹“著于丹书”，“以丹书其罪”。丹书指用朱笔记载罪行的文书，而“汉祖有丹书铁契以待功臣，盖又不同也”，这里的“丹书铁契”指帝王“以铁为契，以丹书之”，赐给功臣免罪等特权。除了洪迈说的这三种用法之外，丹书可指诏书、朱笔所写的文字，还指盟誓，如“丹书之约、白马之盟”。此外，在道教文化里，以墨书写符文的朱漆木简为“丹书墨箓”，“善为丹书符劾，厌杀鬼神而使命之”的丹书即指符书。

在现代汉语里，“丹青”常用来借指绘画。这个词，最初是指丹砂和青雘两种颜料，后引申出颜色义，表红色和青色。“丹青”也可泛指彩色，进而与绘画产生了词义关联。然而用丹青来借指中国画，似乎与人们对于中国画的黑白印象有些“出入”。

现代人对于中国画的理解，多半停留在毛笔、墨砚、宣纸绢布的印象里。这也难怪，自水墨画在元代兴起以来，用浓淡墨来代替一切彩色，几乎成为了中国画最显著的特点。传统中国画以墨来描摹万物，以留白来展现构图，于现代色彩观而言，黑白可谓是“无色”，显然不同于绚烂的“丹青”之色。

然而回溯中国画的历史，我们能发现比黑白水墨更为长久的“丹青”史。战国时期的《考工记》中说“画缋之事杂五色”，孔颖达的解释是“彩色为画，盖以五彩色画帛以为缘”，东汉刘熙《释名》：“画，绘也。以五色绘物象也。”可见，以传统五色“青、赤、黄、白、黑”来作画是早期中国画的传统。现存较早的中国画——马王堆出土的汉代帛画，画面以朱红、石青等鲜艳的色彩为主，也在某种程度上证明了早期中国画尚色的特点。除帛画外，汉代的彩绘陶壶、壁画，以及以青绿见长、受佛教艺术影响的敦煌莫高窟，都体现了用色的丰富性。此外，南北朝时期谢赫的“六法论”强调了色彩于中国古代绘画“随类赋彩”的重要意义。唐以前的画作流传下来的不多，东晋以“善丹青”著称的顾恺之，其画作《女史箴图》就展现了传统人物画设色鲜艳的特点。

《女史箴图》(局部)

引自《中国历代绘画鉴赏》，赵启斌主编，商务印书馆国际有限公司，2013年。

一般认为，在元代以前，中国画以“丹青”为主流，“水墨”则是潜流。以山水画为例，隋代展子虔青绿设色的《游春图》，标志着山水画的独立，而师承展子虔的唐人李思训则开创了用色浓重的大青绿山水画和金碧山水画流派，《唐朝名画录》誉之为“国朝山水第一”。此后，北宋王希孟的大青绿山水画《千里江山图》，也代表了绘画史上的一座巅峰。元明时期的画家赵孟頫、钱选、仇英、张宏等，均善作青绿山水画。在山水画的发展过程中，小青绿山水画也在一定程度上受到了文人水墨画的影响。绘画史上，王维在“水墨淡彩的基础上薄罩青绿”的技法所作的山水画被称之为小青绿山水画。随着文人画在元代的兴起，水墨山水画逐渐占据了画坛的主流。

青绿山水画发端自隋唐，色彩繁复的花鸟画则在中唐之后逐渐兴起。白

五代徐熙《雪竹图》

引自《中国工笔画全集》，夏硕琦主编，云南美术出版社，2003年。

居易在《画木莲花图寄元郎中》一诗中描述道:“花房腻似红莲朵,艳色鲜如紫牡丹。唯有诗人能解爱,丹青写出与君看。”五代时,花鸟画以“黄家富贵、徐熙野逸”两种画派为代表。其中,黄荃的花鸟画注重着色,而徐熙的花鸟画则多用墨笔。例如在《雪竹图》中,徐熙用墨色画竹木、树叶、山石,以留白画积雪,体现了水墨花鸟画的神韵。至北宋时,工于花鸟画的宋徽宗吸取了前人所长,他所作设色花鸟画《芙蓉锦鸡图》《瑞鹤图》堪称典范,用色上富丽堂皇。以苏东坡为代表的文人,则多以墨来画花鸟,例如墨竹、墨梅等。北宋时期的《宣和画谱·墨竹绪论》中,也记载了“不事丹青,而率意于水墨耳”的绘画发展趋势。

以工笔、写实为主的画院及画师们,注重设色,讲究丹青的运用,文人画则以写意为旨趣,重水墨而轻色彩并产生了独具特色的国画色彩观——“墨的五彩”,将墨分为焦墨、浓墨、重墨、淡墨、清墨等五种色彩。或许正因为墨有五彩,故泛指彩色的“丹青”也能指中国画中的水墨画。

法国有座知名的城堡,其法文名Fontainebleau的原义为美丽的泉水,在翻译为中文时,并没有采用意译,而用“枫丹”音译Fontaine(泉水),以“白露”音译“bleau”。其中,音译词“枫丹”实为“丹枫”一词的逆序。对于中国人而言,以“枫丹白露”命名的地方,风景应该绝美,读起来也是朗朗上口,令人向往。在汉语语境里,“丹枫”和“白露”均为秋日美景,宋代诗人罗与之在《泛舟秋怀》中就有“白露消磨暑,丹枫点画秋”的诗句。

在描写秋天的诗歌中,“丹枫”这一意象常常出现,例如杨万里的“梧叶新黄柿叶红,更兼乌臼与丹枫。只言山色秋萧索,绣出西湖三四峰”,侯寘的“红蓼丹枫,黄芦白竹,总胜春桃李”,胡宿的“信马斗城外,芳郊秋物多。丹枫惊岁晏,华黍喜时和”,俱写秋日胜景,吟诵时如在眼前。

(廖宏艳/文)

【“朱”明赫赫】

写此文时，正逢酷暑，翻书翻到一篇唐朝诗人韦应物的《夏冰歌》，其中一句写道“出自玄泉杳杳之深井，汲在朱明赫赫之炎辰”，可谓幽井之沁凉与天气之炎热对比鲜明，取冰的画面感也更为强烈。然而，什么是“朱明”呢？

《尸子》：“春为青阳，夏为朱明，秋为白藏，冬为玄英。”可见，“朱明”指夏天。从传统五色观来看，与“春与青、秋与白、冬与玄”相类似的，朱与夏相配，五行属火，朱应与赤、红颜色相近。孔颖达《礼记》正义“色浅曰赤，色深曰朱”，可见，朱色的色调比赤色深。《诗经·七月》“我朱孔阳，为公子裳”，“孔阳”指极鲜明、很明亮，以孔阳形容“朱”色，朱是一种非常明亮而色调较深的红色。《论语·阳货》“子曰：‘恶紫之夺朱也’”，《论语·乡党》“君子不以绀緅饰，红紫不以为亵服”，可见，在古代，红色、紫色均为间色，“朱”色为正色。

甲骨文时期，“朱”字已出现，字形写作，西周金文时期，写作、，小篆写作。《说文解字 · 木部》释“朱”:“赤心木。松柏属。从木，一在其中。”这一释义，引发了学者们的一些讨论。据季旭升先生和谭步云先生归纳，大致有如下几种观点：

清人段玉裁认为，“朱，木心也。”应与松、柏、桧、枞等字归为一类。他还进一步指出，表示赤色义的“朱”的本字是《说文解字 · 糸部》中所收的“絑”字。

清人戴侗认为，朱：“干也。”郭沫若先生在《金文丛考》中提到：“朱”是“株”的初文，与“本”“末”相类，金文在“木”字中作圆点以示其处，是指事字非常典型的一个例子。金文字形中的一横由圆点演变而来，写两横是表示截掉上下端而存中段。可见，郭沫若先生认为“朱”是株的本字，本义是指树干。此外，李孝定先生也认为朱是株的本字。

商承祚先生认为，“朱”的本字是“珠”，象贯珠之形。不过，季旭升先生以殷墟妇好墓为例，提出：“(殷墟妇好墓) 墓中的艺品成千上万，但是珠形器仅有玛瑙珠二十六件，绿松石珠六件，大体都是串联起来的，不太可能产生象(朱) 这样的珠形。”李孝定先生认为商先生的解释说不通的地方在于：若朱为珠的本字，因“玉”字古文多以“贯三”以示其多，则其金文字形中的圆点应为三个，而不止一个圆点。此外，“朱”的小篆字形作，“上下所从……从‘木’，非贯珠之系。”

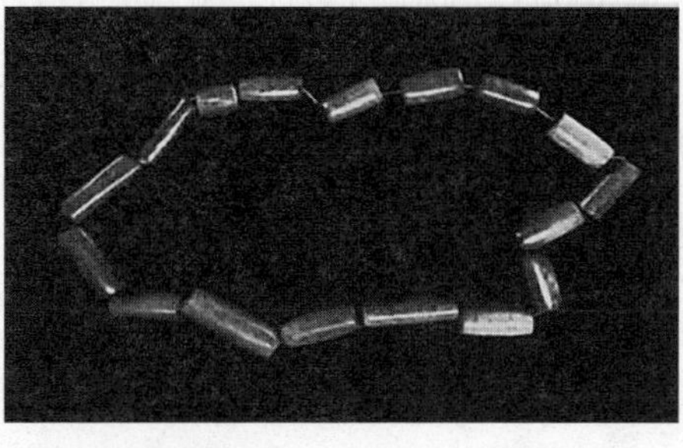

玉小型管状珠

引自《殷墟妇好墓》，中国社会科学院考古研究所编辑，文物出版社，1980年。

玛瑙珠

引自《殷墟妇好墓》，中国社会科学院考古研究所编辑，文物出版社，1980年。

闻一多先生认为“朱”像荆棘之状。他在《释朱》一文中提出，“赤心”不是中心赤色的意思，“棘从并朿”，朿的古音与赤同音，故“棘心”又讹变为“赤心”，即“朱”的本义指“有刺之木”，是“柘”的本字，“朱”即柘木。

季旭升先生认为，“朱”的本义是指朱色，如西周金文毛公鼎所记载的：“朱市卤黄”。他认为“朱”是个假借分化字，甲骨文中的朱本来是借“朿”字为之，战国楚文字的“速”(速)字，从“辵”，从“二朱”，“朱”即“朿”。因此，二者在楚文字偏旁中可以通用。

谭步云先生总结学界较为主流的观点后认为，汉字“朱”应当是指事字，构字理据上与“本、末”相似，指示符号“一”所指并非是“赤心”，而是指树干。“朱”为“株”的本字，文献中也有“株”作“树干”义的用法。例如《战国策·秦策》“削株掘根，无与祸邻，祸乃不存”，“削株掘根”，就是砍掉树干，挖掉树根。“株”就是树干的意思。后来“朱”表赤色，则是其假借义。

由以上各家观点看来，“赤心木”并非指我们今天所说的红木，从文字上考求，段玉裁认为“朱”的颜色义，应来自其本字“絑”，《说文解字·糸部》：“絑：纯赤也。从糸朱声。”除絑字之外，“糸部”还收录了一些表示丝帛颜色的汉字，如：“绿、红、绛、纁、绀”等。不过先秦文献中“絑”极少见，而表赤色义的假借字“朱”则较为常用。

《礼记·明堂位》：“朱干玉戚，冕而舞《大武》。”孔颖达疏：“朱干玉戚者，干，盾也；戚，斧也。赤盾而玉饰斧也。”在孔颖达的这句注疏中，“朱干”即赤盾，以“赤”释“朱”。可见，此处颜色词“朱”与“赤”意义相同。在古代的训释文字中，朱与赤互训的现象较为多见。在以服饰色彩区别身份地位的特定场合，“朱”一般为象征天子身份的颜色。《诗经·小雅·斯干》“其泣喤喤，朱芾斯皇，室家君王”，君王所生之子，即佩戴朱芾，相对的，大夫以上的官员则佩“赤芾”。因而，《毛诗正义》中说：“芾所

朱雀
引自《解读吉祥文化》，黄一真主编，黑龙江科学技术出版社，2013年。

以明尊卑，虽同色而有差降……文同朱芾，明对文则朱赤深浅有异，散之则皆谓之朱。故天子纯朱，明其深也；诸侯黄朱，明其浅也。举其大色，皆得为朱芾也。”

相较于“赤”在上古汉语中就已经衍生出多个义项，“朱”的搭配能力就比较弱，局限于修饰帝王、权贵、祥瑞一类的事物。例如：朱门、朱户、朱阙、朱宫、朱屋、朱阁、朱幡、朱轮、朱雀等。

除了表赤色，朱也可单独表朱砂义。由于朱砂的用途广泛，“朱”的搭配范围也得到了拓展，产生了一批不同于“赤”类的词语。如：朱笔、朱墨、朱书、朱拓、朱批、朱文、朱封、朱漆等。

在中国传统色彩中，朱无疑是极富有代表性的一种。这种颜色来自朱砂，矿物名为辰砂。周国信先生《中国的辰砂及其发展史》一文提出，在距今约7 000年的秦安大地湾彩绘陶器和距今约6 600年的河姆渡村遗址漆碗上，先民们就早已使用了以朱砂制成的红色颜料。同时，在出土的甲骨、竹木简、丝绸、纸张上都有朱砂用于书写，而陶器彩绘、丝织染色、漆器、化妆品、壁画等方面，也都有朱砂的身影。

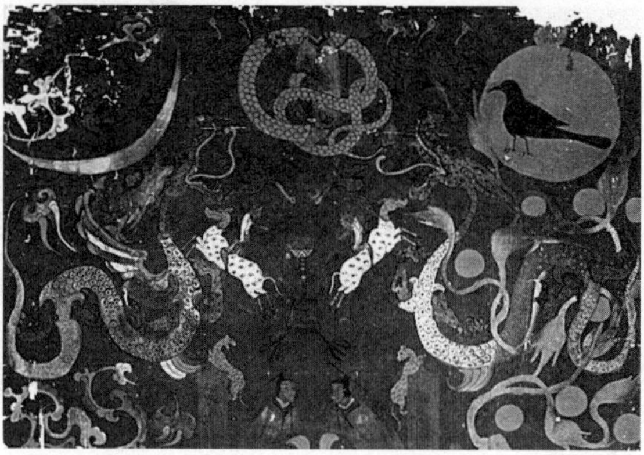

帛画中的朱色，长沙马王堆一号汉墓出土

引自《中国画颜色的研究》（修订版），于非闇著，北京联合出版公司，2013年。

高志伟先生在《考古资料所见赭石、朱砂、铅丹及其应用》一文中指出，据考古发现，在墓葬中使用红色矿物颜料，最早可以追溯到三万年前的山顶洞人，其早期墓葬中通常使用赭石（赤铁矿），距今约4 500年的陶寺遗址墓葬中则已发现朱砂粉末，到商周时期，朱砂取而代之，多使用朱砂。这是因为朱砂较之赭石，颜色更为鲜艳且具有防腐作用。朱砂在古代墓葬中的使用体现了原始人类对灵魂不灭的祈求。同时，漆棺产生之后，由于金属类如赤铁矿等入漆后会与天然生漆发生化学反应，而矿物质的朱砂则不会。因此，古代的髹漆棺木也多为朱砂色。

在匈奴人将胭脂传入中原之前，妇女们涂饰嘴唇和面部的化妆品是由朱砂制成的。虽然朱砂呈色妩媚，鲜艳而明亮，但矿物质颜料对人体有害，因此，汉代以后用红蓝花制成的胭脂逐渐成为更为流行的化妆品。后来，词语中习用的“朱”也可代指胭脂，例如成语“傅粉施朱、弄粉调朱”。唐宋诗词中常常以“朱粉”分别代指胭脂和铅粉，例如白居易的“腻如玉指涂朱粉”，张先的“朱粉不深匀”等。

在古代，朱砂也是道家炼丹术的主要材料。朱砂的主要化合物为硫化汞，东汉时期，人工合成的硫化汞——银朱，是我国最早的一种人造无机化合的红色颜料。银朱的提炼工艺在《天工开物 · 丹青》和《本草纲目 · 石部》均有记载。有学者提出，东汉时期的道教典籍《周易参同契》早已有相关记载："河上姹女，灵而最神，得火则飞，不见埃尘，鬼隐龙匿，莫知所存。将欲制之，黄芽为根。"其中，"姹女"喻水银（汞），"黄芽"喻硫磺粉末，银朱，乃硫黄同汞升炼而成。银朱除了可以作颜料，还用于印泥，以及雕刻朱红漆器等。银朱有毒，也可入药，《本草纲目》说："……其性燥烈，亦能烂龈挛筋，其功过与轻粉同也。"据于非闇《中国画颜色的研究》讲述，鸦片战争以后，随着水银的大量出口，银朱逐渐稀少乃至难觅。

蒋玄佁先生的《中国绘画材料史》中说"中国绘画，以赤为正，其中以朱之用途为最广"，"画家所用朱砂，仅取其鲜红者研细、水飞用之，分朱标、二朱、三朱等三种。朱标黄色，二朱鲜红，三朱略带黑色"。清代李渔《芥子园画传》则对这三种朱砂如何用于绘画作了区分："……朱标，着人物衣服用，中间红而且细者，画枫叶栏楯寺观等项，最下色深而粗者，人物或用之，山水中无用处。"

（廖宏艳 / 文）

【从“绯”衣到“绯”闻】

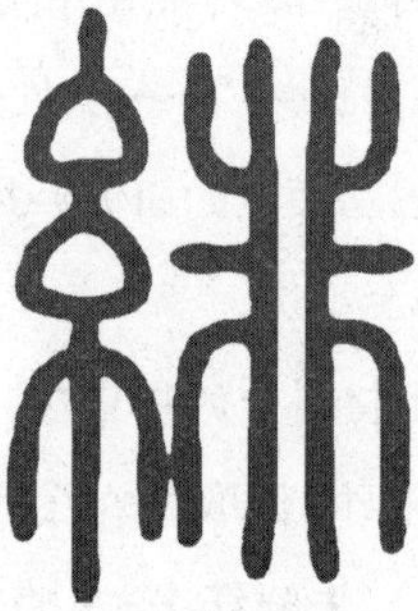

在红色类颜色字中，“绯”的产生比较晚。《说文解字》“新附字”中列有“绯”字，小篆字形作緋。五代人徐铉的释义是“绯，帛赤色也。从糸，非声”，《玉篇》释“绯”为“绛练”，与徐铉的释义相类。此外，《广韵》释“绯”为“绛色”。有学者提出，“绯”字或产生于魏晋之后，本字或为“非”，“非”有红色义，例如“翡”字从非，指“赤羽雀”，聊备一说。

“绯”是一种怎样的红色呢？我们在古代文献中找到了一些相关的记载。段成式《酉阳杂俎》中说“狒狒……血可染绯”；《云麓漫钞》说“北方有焉支山，山多红蓝，北人采以染绯”，而“取其英鲜者作燕脂”，红蓝花不仅可以制胭脂，还可以染出绯色；《诸蕃志》中则说，产自真腊国（今柬埔寨境内）的苏木，“去皮晒干，其色红赤，可染绯紫”；《农政全书》说“冬青……其叶，堪染绯”。从以上几种说法可见，绯色如动物血液的颜色，色泽或没有胭脂鲜亮，色调或偏紫。元代王绎在《彩绘法》中写道："凡调和服饰器用颜色者：绯红，用银朱、紫花合。"如果用现代印刷色彩模式（CMYK）、RGB色彩模式和十六进制颜色代码来衡量以上出现的"猩红、绯红"的话，可以发现它们在数值上存在差异。我们还比对了日语中的"绯、猩猩红"与中文"妃（绯）红、猩红"的颜色差异，详见下面的表格：

中、日传统色	CMYK数值（C指青色，M指品红，Y指黄色，K指黑色）	RGB数值（R指红色、G指绿色，B指蓝色）	取色代码（十六进制）
【日】猩猩红	0，89，79，0	232，48，21	#E83015
【中】猩红	0，71，70，23	196，55，57	#C43789
【日】绯	17，79，74，0	204，84，58	#CC543A
【中】妃（绯）红	0，55，56，23	195，86，85	#C35655
备注：中国传统色，参考资料为《色谱》，中科院科技情报编委会名词室编写，科学出版社1957年出版。日本传统色，以 *The Traditional Colors of Japan* 一书为参考。具体可查看：nipponcolors.com			

由以上表格可见，日本传统色的"猩猩红"是最红的，其次是日语里的"绯"色，而中国传统色的"猩红、妃（绯）红"次之。

苏木药材

引自《中国中药材及原植（动）物彩色图谱》，郝近大等主编，广东科技出版社，2014年。

阎立本《步辇图》

引自《中国工笔画全集》，夏硕琦主编，云南美术出版社，2003年。

唐宋时，绯色、紫色、青色、绿色都是代表官员品级的几种最常见的服色。唐朝时，五品以上的官员，服色为浅绯色、深绯色和紫色，宋朝时，则四品以上皆为紫色，五品、六品皆服绯色，官阶较低的服色多为青、绿色。由此产生的"绯衣、绯袍、绯紫、绯绿"等词，均可借指官吏。此外，唐宋时，五品以上的官员除了官服为绯衣之外，还要佩戴鱼袋。在这一时期的代表画作中，可窥见一斑。如阎立本以松赞干布朝见唐太宗为场景所作的《步辇图》，画作左侧色彩最为鲜艳的就是身着绯衣、佩戴鱼袋的典礼官，衣饰色彩与整幅画的喜庆氛围颇为配合，视觉效果鲜明。

现代汉语里的"绯闻"一词是如何产生的呢？据《现代汉语词典》(第六版)，绯闻指桃色新闻。从字面上看，桃红李白，红桃即"绯桃"，桃色即绯色，由此，"绯闻"即"桃色新闻"，也是说得过去的。不过桃色新闻一词，产生的时间必然在新闻传媒业发展之后，而"绯闻"一词的出现，则要更晚一些。

《现代汉语词典》(第六版) 对"桃色新闻"的解释是：桃色形容男女情爱，多指不正当的男女关系。可见"桃色"在现代汉语里呈现的多是负面的形象。而在《诗经》中，“桃之夭夭，灼灼其华”则是对女性的赞誉，古代汉语中常用桃之鲜红来形容美丽的容颜，如桃李色、桃腮、桃花人面等，曹植也留下了“南国有佳人，容华若桃李”的诗句。可见，“桃”所象征的女性形象曾是君子所好逑的。

至明清时，桃的意象变得日益丰富。在世俗文学中，出现了“桃花运、桃花命”等一类与男女情爱相关联的词语。较之封建礼制对于人性欲望的情感束缚，明清时期市民经济的发展松动了人们对情感欲望的追求，与男女情感产生关联的“桃”在一定程度上也由秀美红颜变成了红颜祸水，“桃色”也为礼制社会所不容。

较之《现代汉语词典》将绯闻与桃色新闻相等同的处理方式，台湾远流出版公司出版的《活用中文大辞典》，则对绯闻有不一样的理解：“比喻有关爱情、婚姻等不确定的信息。”的确，在近年来的语言生活中，我们也能发现“绯闻”产生了一些不同于“桃色新闻”的用法。譬如“绯闻女友、绯闻男友”指的就不一定是“非正当的男女关系”，而“炒绯闻”在明星娱乐圈的流行，究其所指，炒的目的不在于“绯”，而在于“闻”，即让被炒者获得更多知名度。

因而，《咬文嚼字》曾经刊载过一篇探讨“绯闻”是不是中性词的文章。绯闻放在时下的语境里，用于普通人，则多带戏谑调侃。对明星名人而言，则意味着话题新闻。如果是“绯闻”满天飞的程度，那大概还是不大正面的。20世纪90年代的“克林顿绯闻事件”，即是美国前总统克林顿因婚内出轨而引发弹劾危机，这桩“绯闻”可谓是真正的“桃色新闻”。

（廖宏艳/文）

【天地玄“黄”】

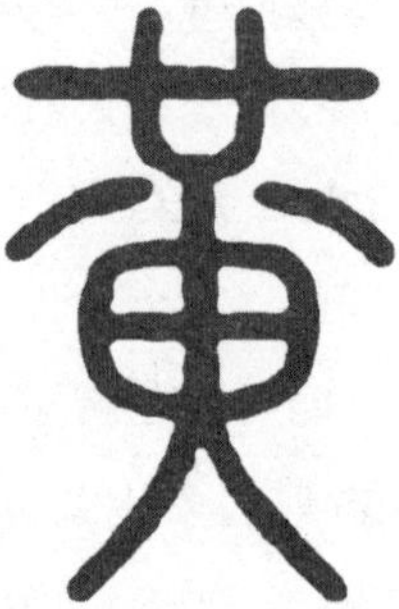

黄帝

引自《中国通史》，吕思勉著，新世界出版社，2008年。

“黄”作为汉语词汇系统中的基本颜色词，与汉民族的文化传统有着不解之缘。“黄河”是中华文明的发源地，“黄帝”被视为远古的“人文初祖”，“黄色”是古代帝王尊贵和权力的象征……“黄”字经过数千年的发展，从古至今也产生了极为多元化的意义。

“黄”字最早见于甲骨文，字形作或。金文中的“黄”将甲骨文上端的形体或作口形，或从形，作。在战国文字中，大部分的“黄”字在所从的口形两侧多加了两个

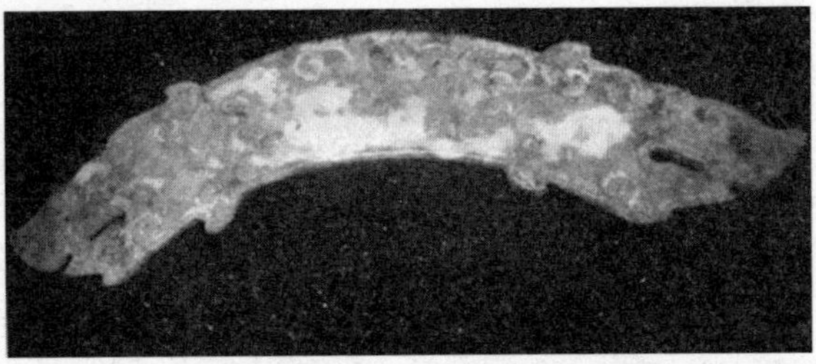

玉璜

引自《玉器》，崔建林著，中国戏剧出版社，2007年。

斜画饰笔，如。另外，此时的字形也有将上部的口形或形讹写，并将田形省写为圈笔的写法。古文字中的“黄”多表示黄色。至秦汉时期，“黄”已隶变为现在的通行写法。如睡虎地秦墓竹简中写作。对于“黄”字的造字本义，目前学界尚无一致的观点。郭沫若先生认为“黄”是“珩”或“璜”的初文，象古代佩玉之形。姚孝遂先生认为“黄”“矢”和“寅”是由一字分化而来的，三者本是同源。胡朴安先生则认同东汉许慎的“地之色”观点，认为“黄”字是“耕地时的地气之光”。虽然“黄”字的构形尚不明确，但是由已有的各家之言可知，“黄”字最初应取象于古时的客观事物，而不是现在理解的黄色之意。

值得注意的是，“天地玄黄”，出自《易·坤》“夫玄黄者，天地之杂也，天玄而地黄”之语。很多人将这里的“玄”“黄”分别理解为黑色和黄色，认为多用于指天地之色。然而，此处的“玄黄”当为双声联绵词，不能分开解释。上古时“玄”与“黄”同属匣母，二者表达的都应是“黄”的概念，应理解为“疲惫”“生病”的意思。《诗经·周南·卷耳》：“陟彼高冈，我马玄黄。”在古汉语中，联绵词的两个音节通常情况下是不能拆开使用的，只有在古人追求押韵或行文的变化时，才有少数例外。如《诗经·小雅·何草不黄》：“何草不黄，何日不行，何人不将，经营四方。何草不玄，何人不矜，哀我征夫，独为匪民。”此外，郭沫若先生在《天地玄黄》中也有与此相关的风趣表述："有什么办法呢，我实在有这样的感觉，天玄而地黄。要玩点训诂学的老套的话，'玄黄，病也'，天地的病情还没有彻底澄清。"

随着社会发展和人们交际的需要，"黄"字在汉语发展过程中被赋予了很多含义，多是通过比喻、引申等方式产生的。由表示黄色的基本义，到用于形容具有黄色属性的事物，再通过搭配对象的转换，"黄"字主要引申出枯萎和成熟两种不同的意义。其中，草木在生长过程中由绿色变成黄色，即为"枯萎"。如《礼记·月令》："草木黄落。"这里是指草木变得枯黄凋零。在原始农耕文明时期，农作物的生长情况决定了人们基本的生存和生活状况。人们在依附于土地的过程中，也逐渐积累了诸多农业生产的经验。稻、麦等农作物在由青转黄即将成熟时，也会呈现出明亮的黄色。因而，"黄"也可以引申为成熟、丰收的意思。如用"黄茂"形容丰足美好的谷物。在成语"青黄不接"中，"青"是指未成熟的庄稼，"黄"则指已经成熟的庄稼，谓旧的粮食已经吃完，而新的粮食还未收割，比喻新旧事物无法更替或接续。现多指在物资、财力和人才等方面发生中断，无法继续的状况。

此外，由于草木枯萎后的结果是死亡，人们常将草木之亡与事情失败或计划落空相类比，借助具体形象的客观存在，将抽象的事情具体化。因而，"黄"字也可以表示事情或计划不能按照预想实现的意思。曹雪芹《红楼梦》第八十回："薛蟠听了这话，又怕闹黄了宝蟾之事，忙又赶来骂秋菱：'不识抬举，再不去就要打了！'"

在传统的五行学说中，古人以五色配五行和五方。土，居于中央的位置，色黄，所以，古人视黄色为中央的正色。在中国传统服饰文化中，虽然黄色的龙袍常被看作是古代皇帝的专有服饰，但起初黄色并非是帝王的专属颜色。汉初时，统治者仍沿用秦尚黑的旧制。到了汉武帝时期，黄色开始取代黑色，

清　康熙像

引自《中国传统色彩图鉴》，鸿洋编著，东方出版社，2010年。

初步向代表古代帝王权威和尊贵颜色的方向发展。一直到唐高宗时期，黄色才真正地成为了古代帝王的专用色，象征着至高无上的威严。在古代，很多由“黄”组成的词，也成为了皇帝的权力专属。如“黄榜”是指皇帝发布的公告。“黄马褂”是指由皇帝下令赐予近身侍卫或特别嘉赏者的官服。成语“黄袍加身”字面的意思是把黄色的龙袍穿到身上。这一成语取典于后周赵匡胤发动陈桥兵变后被拥立为帝成为宋太祖的历史故事，后多用来指发动政变后获得政权。

《礼记·月令》：“鞠有黄华。”这里的“黄”是指菊花。自古重阳节有踏秋登高、把酒赏菊的风俗，因而古人又称重阳节为“菊花节”或“黄花节”。在古代诗词中，也有以“黄花”比人的诗句广为流传。宋代李清照《醉花阴》：“莫道不消魂，帘卷西风，人比黄花瘦。”诗人通过将重阳节的菊花比作自己，烘托出因寂寞相思而憔悴，表达了对丈夫强烈的思念之情。花开那夜，思念成灾。成语“明日黄花”原意是指重阳节过后的菊花逐渐枯萎凋谢，后多用来比喻事过境迁后的无限感慨。

重阳赏菊

引自《中国传统节日》，徐潜主编，吉林文史出版社，2014年。

现代汉语中的“黄”，除了部分继承古汉语的传统意义外，多是具有堕落、色情等消极负面的含义，令人谈“黄”色变。这一义项的形成，更多的是受到西方文化的影响。在西方文化中，“黄”更多地指向贬义。如美国文化中用“黄”表示大肆渲染、歪曲夸大事实的新闻宣传手段。这主要是由于英国杂志《黄杂志》中包含淫秽意味的作品，英国人便逐渐用“黄”暗指具有色情意味的事物。随着中西方文化的交流，这种消极的含义强烈冲击了表示尊贵权力象征的传统用法，“黄”的语义开始逐渐转变，并被人们普遍接受。同时，由于人们对此类事物持有回避、忌讳的态度，后来“黄”也可以表示“警示”“注意”的意思，如黄牌、黄灯等。

（姜慧/文）

〖山林"青""青"〗

青，在现代汉语里并不是常用的颜色字。但在固定搭配中，还可以看见它作为语素存在的踪影，例如：青草、青山绿水、青出于蓝而胜于蓝……

颜色字"青"是一个古老的汉字，甲骨文中有没有它的踪迹，学者们尚有一些争议。例如，李孝定先生在《甲骨文集释》中收入了"青"字，其字形作，"辞云：'丁亥史具告青室。'"他援引王襄先生的观点："王襄释'南'，又曰：或释青，'青室'同于《礼记·月令》'青阳太庙'之说，见《簠考·典礼》……。"但一些学者则认为应当训为"南"字。到了传世文献中，目前尚未见到可以佐证"青室"的记载。因此，甲骨文中是否有"青"字，不少学者表示存疑，不少甲骨文字典中也未收录"青"字。学界一般认为颜色字"青"，出现于西周金文时期。金文"青"，大致有三类：西周金文吴方彝中，作；西周金文墙盘中，作；春秋晚期的蔡侯墓残钟四十七片中，作。在金

文中，南（金文作）与青，字形差别比较明显。

“青”字发展到战国时期，产生了两种分化。一种是以上承西周金文的秦简牍文字为代表，如《睡虎地秦墓竹简·秦律十八种》中写作；如《睡虎地秦墓竹简·日书乙种》中写作；其字形的上部，均为“生”。（《睡虎地秦墓竹简·日书乙种》中，“生”，写作）另一种是以具有地域特色的楚简帛文字为代表，如楚帛书中写作；包山楚简书中写作；其字形的上部，均为“屮”（《荆门郭店楚墓竹简·六德》中，“屮”写作）。战国文字中的“青”，其字形上部有从“生”与从“屮”之别，有学者认为，从“屮”是从“生”之省，从词义上看，两者有相通之处。《说文·屮部》：“屮，草木初生也。”《说文·生部》：“生，进也。像草木生出土上。”屮与生，均表示草木生长的初始阶段。楚文字以“屮”代替“生”也是说得通的。

战国文字中的“青”，其字形下部一般从“丹”。（“丹”在《睡虎地秦墓竹简·秦律十八种》中，写作，在包山楚简书中，写作）有学者认为，战国秦文字中的“青”，其字形也有下部从“井”的写法。如上文所说的金文《墙盘》中的“青”字，即是下部从“井”。

颜色字“青”发展到小篆时期，基本形成了“从生，从丹”的汉字结构。《说文解字·青部》：“青，东方色也。木生火，从生丹。丹青之信，言必然。”东汉许慎以五行的观点来解说青，东方象征春季，五行上属木，青为东方正色。以五色观来看，颜色字“青”，应当是指春季树木生发之色。但是，学者们普遍认为，以五行说的观点来探究颜色字的缘起是不足信的。

清人王筠认为《说文解字·青部》对于“青”字的释义是“不言本物，而言其所生，以木青火丹之色，加诸丹青之石，甚迂曲也”。王宁先生说，汉字的构形意义（造意）是反映词义（实义）的，而实义，又是在语言环境中体现出来的、可以检验的意义。基于对构形上的不同解读，颜色字“青”的造字本义，也有两种说法：

其一，草木之色说。“从丹、从生”得义，“青，草木之生其色青也”，学者胡朴安等人持此说。胡朴安先生认为，“古人见草木之葱茏，其色颇悦目，无以名之，见草木之根其色丹，(丹、朱色同，故木根谓之株)而发生之枝叶，遂名为青；枝叶由根株而发，故从丹从生也。”

其二，矿物之色说。徐朝华先生认为，汉字“青”最初是指共生的蓝铜矿和孔雀石，蓝铜矿可作蓝色颜料，孔雀石可用作绿色颜料，这两种矿石常共生于含铜硫化物矿床的氧化带。由于共生矿中蓝铜矿和孔雀石没有固定的比例，故而呈现出蓝绿相间的颜色。这两种矿石是商周时期冶炼青铜器的重要原料，在秦俑中也有使用，是秦俑的一种绘画颜料。因此，西周金文中、先秦古籍《诗经》《尚书》中出现“青”字，也就不足为怪了。

赞同“矿物之色”说的学者，认为“青”本义从丹，“从丹，生声”。“丹青”常连用，表示两种可做绘画颜料的矿物，在先秦典籍中就有不少例证。如《管子》“丹青在山，民知而取之；美珠在渊，民知而取之”，《吴子》“掩以朱漆，画以丹青，烁以犀象”，《列子》“偃师大慑，立剖散倡者以示王，皆傅会革、木、

硅孔雀石

引自《云南的宝石及矿物晶体》，吴世泽著，云南科学技术出版社，2013年。

胶、漆、白、黑、丹、青之所为”。徐灏《说文解字注笺》：“丹沙、石青之类，凡产于石者皆谓之丹。《大荒西经》有白丹、青丹，张衡《东京赋》‘黑丹石缁’是也。盖丹为总名，故青从丹生声，其本义为石之青者。引申之，凡物之青色皆曰青矣。”

颜色字“青”的本义，与其他颜色字一样是具有“物质性”的。无论是石之青者，还是草木之色，后来才逐渐泛指像“石之青者／草木之色”那样的一类颜色。

《周礼·考工记》“东方谓之青”，“青”在传统五色观中，属于东方的正色。相应的，青也可代指东方或春天。在传统礼制中，正色“青”往往与神权、皇权等相关联。

神话传说里，如东方之神“青龙”，东方的司春之神“青帝”，祭祀东方之神的地方“青社”，居于东海的仙人“青童君”等。此外，如：土地神“青牛妪”，代西王母向汉武帝报信的“青鸟”（也叫“青雀”，如李商隐的“青雀西飞竟未回，君王长在集灵台”），善鸣的吉祥鸟“青鸐”，刻在杖端取养老之意的不噎之鸟“青鸠”等。

封建礼制里，青可代指“东方”，因而也与“太子”相关联。《诗经·卫风》“东宫之妹”，东宫为太子所居之所，后也用“青宫、青坊、青殿、青闱”指太子或皇子居所。与皇权相关联的有：天子内庭称“青蒲”（杜甫诗“斯时伏青蒲，廷诤守御床”），汉代皇太子、皇子所乘之车“青盖”。到了宋代，宰相出行仪仗张青色伞盖也称“青盖”。其他如：装饰皇宫门窗的青色连环花纹叫“青琐”，“青琐闱、青琐帏、青琐闼”等指宫廷，后也用“青琐客”指能出入宫禁、接近皇帝的清要之臣等。

青，作为一种正色，在服饰染色方面的规制演变，透过“青衣”一词，可窥见一斑。

《礼记·月令》中说:“天子居青阳……衣青衣……”《隋书·礼仪志》中也提到了皇后的六服之一“青衣”,并解释了所用的织物:“青衣,青罗为之。”青罗指青色的丝织物。可见,在经史记载中,青色曾经是皇帝和后妃的服色。而在汉以降的文献中,晋怀帝被俘后“青衣行酒”,“青衣”在这里就成了受辱的象征,张清常先生认为,此处的“青衣”,应该是指黑色粗布。唐宋时,八九品的文官官服为青色,白居易的“江州司马青衫湿”,欧阳修的“四十白发犹青衫”。这些青都象征了官职的低微。

从先秦至明清,学子、秀才多穿青色。《明史》和《清史稿》中均记载有表示生员、秀才之义的“青衣”。除“青衣”外,还有《诗经》“青青子衿,悠悠我心”中的“青衿”,《洛阳伽蓝记》“青领之生,竞怀雅术”中的“青领”,唐诗“莫怪青袍选,长安隐旧春”中的“青袍”,康有为《大同书》中的“明以来之文臣不为公侯,必待艰难考试乃得青衿”,都为此类。

清代时,“青衣”还可指乐工。《红楼梦》中有“两班青衣按时奏乐”。传统京剧中,扮演中青年女性角色的叫“青衣旦”。张清常先生在《汉语的颜色词(大纲)》一文中提到,正旦又称青衣,这里的“青”,原是指黑色布料,后来依据角色身份而有所变化:若扮演贫家妇女,正旦穿黑布或黑绸;若是富贵人家,则穿宝蓝绸缎。

宗教文化方面,道家思想崇尚自然,与青的“山林之色说”相协调。“青”族词中,“青牛”因“老子果乘青牛而过”,后“青牛”多用来指神仙道士的坐骑。由“青牛”一词还产生了一系列道教词汇,如:青牛翁(指道教创始人老子)、青牛句(借指《道德经》)、青牛师(指老子,此外,东汉方士封君达常乘青牛,号“青牛道士”)等。

“青”族词里反映的道家文化,还有许多。如称得道的仙家为“青山家”等。道教神仙类“青”族词有:青玄九阳上帝、青华帝君、青真、九青帝、青精、青姑等；道教洞仙圣地类有：青田大鹤天、青城山（后用“青城客”指道教信徒）、青都（道家幻想的仙境，天帝所居的宫阙）等；道观类有：宋之问诗“不从紫气台端候，何得青华观里逢”和陆游诗“青羊宫前锦江路，曾为梅花醉十年”中的青华观、青羊宫等；所穿所食类有：孟浩然诗“手持白羽扇，脚步青芒履”中，青芒履是道家穿的一种草鞋，晋人葛洪在《神仙传》中有记载道家神仙服食的一种泥浆，称之为“青泥饭”。此外，道家的典籍称“青书”，道教的符箓因写在青藤纸上，故称“青符、青词”等。

在佛教传说中“释迦佛瞳子绀青色”，由此，以“青目”譬喻有道行的僧人。因为莲花与佛教文化大有关系，“青”族词中，意象丰富的“青莲”，既可以形容佛眼如青莲花瓣，也可泛化指佛寺、佛经以及佛教中所谓的“极乐世界”等。由“青莲”衍生出来的词，如青莲眼、青莲目、青莲花目等均喻指佛眼；青莲客、青莲道士（佛教初传入时，称僧人为道士）等指寺僧、僧侣；青莲宇、青莲舍、青莲界、青莲宫、青莲域等指佛寺；此外，还有以青莲朵喻指佛法，青莲书喻指佛教典籍，青莲偈喻指佛偈等一类“青”族词。

秘色八棱净水瓶

引自《中国美术全集·工美卷》，于明主编，青海人民出版社，2003年。

古代文人士子的尚“青”传统，在青瓷、青绿山水画等方面尤为显著。“陶器青为贵”。回溯陶瓷艺术的发展史，从原始社会的古陶器，晋唐以来青瓷技艺的精进，晚唐至宋代三百年间对于秘色瓷的不懈追求，陶瓷艺术的品鉴，“重色”是至为重要的一点。唐末诗人王建说“秘色抱青瓷之响”，秘色瓷，因其使用者为皇家御用，其色秘而不宣，故为秘色。这究竟是一种怎样的青色，在晚唐诗人的描述中，我们或可欣赏到当时文人对于秘色瓷的喜爱。

陆龟蒙《秘色越器》："九秋风露越窑开，夺得千峰翠色来。"诗中极言这种青色是万千山峰中最好看的一种青翠。徐夤《贡余秘色茶盏》："捩翠融青瑞色新，陶成先得贡吾君。功剜明月染春水，轻旋薄冰盛绿云。古镜破苔当席上，嫩荷涵露别江渍。中山竹叶醅初发，多病那堪中十分。"这首诗则赋予了秘色瓷器丰富的意象。诗人从秘色瓷的青色，带给人的视觉、触觉想象，乃至人生意味的发散，借秘色瓷烘托出文人对隐逸山林生活的向往。现今流传于世的秘色瓷仅存陕西法门寺地宫出土的三件，其中较具代表性的八棱净水秘色瓷瓶现存故宫博物院。

秘色瓷之后，周世宗的柴窑则将陶瓷艺术推至一个顶峰。从"千峰翠色"到"雨过天青"，柴窑"青如天，明如镜，薄如纸，声如磬"，对烧制技艺要求极高。作为御用的柴窑，流传至今的仅存数瓦，尤显精贵。

绘画艺术方面，比水墨山水画产生时间更早的是青绿山水画。魏晋南北朝时期，政权更替频繁，文人仕途动荡，隐逸山林、寄情山水就成了这一时

王希孟《千里江山图》

引自《中国工笔画全集》，夏硕琦主编，云南美术出版社，2003年。

期的艺术思潮。山水画可谓是应运而生。青绿山水画又分为大青绿和小青绿。大青绿着色浓重，装饰性强，小青绿强调笔墨。大青绿上再加上泥金，则称为金碧山水画。绘画史上，隋代展子虔的《游春图》，开创了青绿山水画的先河，盛唐李思训父子则创立了大青绿山水画和金碧山水画。北宋王希孟的《千里江山图》是大青绿山水画的代表作。小青绿山水画一脉，从唐代的“富贵神仙”到北宋的“行旅”主题，则不仅有富丽的庙堂，也有幽静的山林。代表画家则有北宋王诜和元代赵孟頫等人。

受佛教绘画艺术的影响，敦煌莫高窟善用“青和蓝”。于非闇说：“在色彩的表现上……有山林的趣味”，据哈佛大学福格博物馆盖斯顿研究，敦煌莫高窟壁画所使用的十一种原料中，就有“石青、石绿、靛青”等青色颜料，青绿山水画也多以石青、石绿作为主色调。清人迮朗《绘事琐言》中说“而今货石青者，有……回青、佛头青，种种不同，而回青尤贵”，于非闇说“沙青，又叫佛青、回青，是从西域传来的颜料。……无论是敦煌的壁画，还是明清的佛像，常用沙青”，沙青即群青。

天然的群青由青金石构成，盛产于阿富汗。据说，古埃及最富有之人的墓穴中才能发现青金石的身影。lapis lazuli (青金石) 一词来自拉丁语，其中“lazuli”是“azure (天蓝色) ”的语源，在古印加王国时期，国王的殉葬品用天蓝色的青金石来象征“升天之路”。大约5 000年前，青金石从阿富汗流通到古埃及，这条货物运输道路后来演变成“丝绸之路”，1 000年后，青金石被带到了印度河流域的文明古城哈拉帕 (Harappa)。受佛教影响，“佛教七宝”之一的青金石，后传入我国被称为“琉璃”。据考古发现，敦煌莫高窟佛像身上的蓝色即来自青金石。

14至15世纪，意大利商人从阿富汗将青金石引入欧洲，青金石被制成粉末状的颜料，称为ultramarine (群青)，此词源自拉丁语，表示“海的那一边”。

中世纪末的欧洲大陆本不产这种“绝无变色之事”的蓝色颜料，因为极为稀有，群青的价格远比黄金贵。文艺复兴时期的画家们只有在画圣母和耶稣的袍子时，才使用这种最昂贵的鲜艳蓝色颜料——群青。

日本汉学家清水茂《说青》一文指出，在先秦文献中，“青”的含义就已非常复杂。颜色字“青”，既可表绿色，如青草；也可表蓝色，如青天；还可指黑色，如“(阮) 籍能为青白眼”，青指的是黑眼珠，“朝如青丝暮成雪”，青丝指的是黑头发。上文提到的“青衣”一词，也可见颜色词“青”的多义性。

虽然在现代汉语中，“青”已经不再是基本颜色词，但在现代印刷色彩模式 (CMYK) 中，字母“C”即Cyan 的缩写，cyan一词源自古希腊语，在英文文献中表示颜色词始于1879年，对译成汉语即是“青”。cyan介于蓝 (blue) 绿(green)之间，是红 (red) 的互补色。cyan 可指海水的颜色，海水里的水分子吸收的红色光通常略多于蓝色光，因此海水的颜色在蓝到绿之间。

至于“青”表示绿时，与“绿”有什么区别，“蓝”是什么时候代替了“青”的，我们可以在说“绿”和“蓝”时，再作比较。

（廖宏艳/文）

讳莫如深的“黑”

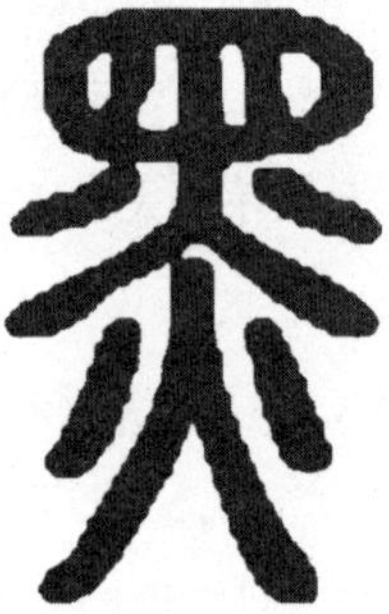

著名诗人闻一多先生在《色彩》中写道：“生命是张没有价值的白纸，自从绿给了我发展，红给了我情热，黄教以我忠义，蓝教我以告诫，粉红赐我以希望，灰白赠我以悲哀，再完成这张彩图，黑还要加我以死。”斑斓的色彩装点着生命中的每一处风景：它们静静地表现着事物的美，衍生出许多微妙的体验。黑色，这一象征生命终结的颜色，以丰富而神秘的个性，碰撞着我们的情感，使我们与饱含深情的隐秘和悲伤相遇，并沦于那广而深的世界。

“黑”字最早见于甲骨文，字形作或，象头部有一竖笔的正面站立的人形。甲骨卜辞中的“黑”字除了在“黑牛”“黑羊”“黑豕”等用法中指古代祭祀用牲的毛色外，多表示日气晦冥的昼盲，即白日黑暗的意思。如“帝其降我黑。”（《小屯殷墟文字丙编》六七）金文中的“黑”作，在甲骨文中象人形的下方有装饰性的点画，在铭文中多用来表示地名或人名。如“徣伐淖黑。”（西

周早期，庸伯馭簋）睡虎地秦墓竹简中的“黑”写作，形体下部的与点画组合逐渐讹变成“火”。随后，底部的点画紧靠连写作“灬”，由此演化为今世隶书和楷书的写法。

《说文解字·黑部》：“黑，火所熏之色也。从炎，上出囮。囮，古窻字。凡黑之属皆从黑。”许慎认为“黑”字是会意字，指火燃烧的烟尘熏窗后所呈的颜色。段玉裁注曰：“北方色也。四字各本无。依青赤白三部下云东方色、南方色、西方色。黄下亦云地之色。则当有此四字明矣。”他从“五行学说”出发，认为“黑”是北方所对应的颜色，带有明显的谶纬化色彩。董莲池先生在《说文解字考正》中指出，小篆字形中的“囮”和“炎”分别为割裂“头部”和“人身”后的讹变形体，不足为我们探究汉字造意的依据。因此，对最初的字形追根溯源后可以发现，“黑”字的原始意义是在人的脸部或额头上刺字并染以黑墨，即为古代施以“墨刑”的真实写照，或当是“墨”字的初文。汉字中从黑的字，多在意义上与黑色、昏暗等义相关。如表示青黑色的“黛”和表示深黑色的“黯”等。

自原始社会人类发现并使用火开始，黑色就在华夏文明中孕育起源。在文明的演进过程中，黑色经历了由墨刑到制作使用麻栎皮、栗树皮、鼠尾草等植物性染料的漫长发展过程。随着与人类生活联系的日益密切，黑色逐渐成为了先民生活中基本的颜色词，并已经蕴含了特殊的崇拜意识。《周礼·春官·眡祲》：“眡祲掌十辉之法，以观妖祥，辨吉凶。”古人将“闇”作为判断吉凶的十种太阳光气之一。俞樾在《周礼平议》中进一步解释道：“《周礼》所谓闇，即《春秋》所谓晦也。”在古代文献中，“黑”“晦”“闇”等字皆表示“天色昏暗不明”的意思。这种观天象以察吉凶的传统表明，黑色在人类原始思维中象征着对宇宙自然的敬畏之情。

据《礼记·檀弓上》记载：“夏后氏尚黑，大事敛用昏，戎事乘骊，牲用

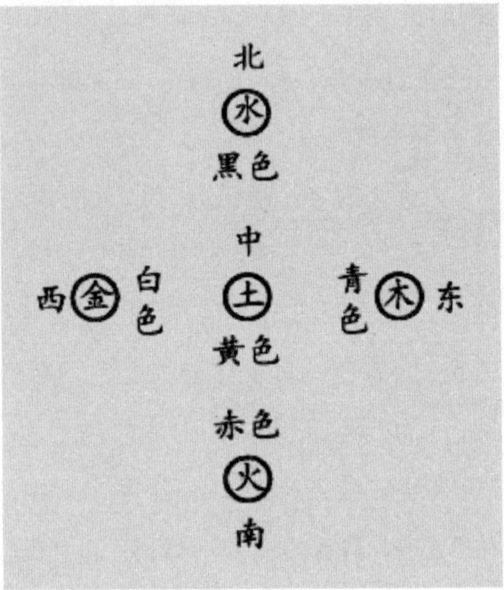

五行、五方、五色

引自《营建的文明：中国传统文化与传统建筑》，柳肃著，清华大学出版社，2014年。

玄。”自夏开始即有尚黑的观念。古人最早是根据“五行学说”来确立尚色制度的。一直到秦兼并天下、统一六国时期，秦始皇仍袭“五行学说”的观念，明确规定“衣服旄旌节旗皆尚黑”。同时，他还对衣冠服饰统一成制，并改称当时以黑巾覆头的平民为“黔首”。黑色作为五行色中的正色之一，是古代色彩观念中最原始的单色崇拜。此时的黑色，被赋予了特殊制度文化的同时，已然打上了阶级的烙印。如唐代元稹《出门行》中：“丧车黔首葬，吊客青蝇至。”

黑色在先民的观念中往往还代表着神秘和庄严。如以黑、白两色表示阴阳相生的太极图和大禹治水中意外获得的黑玉等。前者主要是通过直接的视觉感受，诠释了对自然和世界的思考和认知，体现出早期先民的哲学理念。同时，神话故事中的黑玉，从某种意义上讲，也是先民信仰的物化载体。《太平御览》引《尚书》：“禹开龙门，道积石山，玄圭出，刻曰：‘延喜玉，受德天锡佩。’”

在中华民族器物文明史上，黑色非但没有让人觉得单调和沉闷，它所折射出的内蕴还显示出别具一格的沉静与灿烂，可谓异彩纷呈。

黑陶，作为“土与火的艺术”，不仅是黄河中游原始文化的代表，更是继彩陶文化之后陶艺史上的奇葩，凝聚着中华民族早期智慧的结晶。随着早期制陶工艺技术的发展，黑陶文化趋于繁盛。作为龙山文化遗存的典型代表，黑陶没有缤纷的施彩装饰，而是以精美的线条造型取胜。其中，“蛋壳陶”因其黑亮轻巧、薄如蛋壳、造型精妙而被誉为陶器发展史上的典型之作。现今保存在山东省博物馆的蛋壳黑陶高柄杯，于1975年在山东省日照市东海峪龙山文化遗址出土，是古代先民用于祭祀的泥质酒器。器高22.6厘米，口径9厘米，上部杯身为深腹的宽斜口沿，中部圆鼓中空，并有镂孔装饰，两端是细长的杯柄，圈足底座。原始社会时期的陶器，不仅凝聚着古人的伟大创造，更是人类文明发展进程的重要推动力。

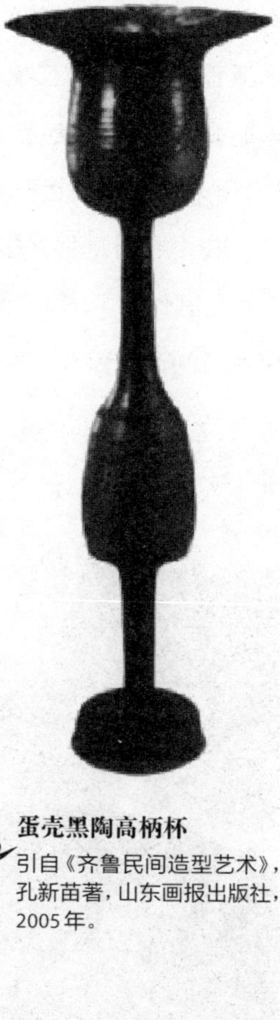

蛋壳黑陶高柄杯

引自《齐鲁民间造型艺术》，孔新苗著，山东画报出版社，2005年。

除了出土文物，古代诗词中黑色的运用不乏其例。诗作中色彩的铺陈也能够令人有别样的感知和联想。比比皆是的颜色，或鲜妍明媚，或浅淡相宜，在柔美和哀婉中深情诉说。除了描写客观事物和颜色本身，古诗词中的黑更多地承载着诗人的情怀和感悟：既有周紫芝《渔家傲》中“月黑波翻江浩渺，扁舟系缆垂杨杪”所描绘的江舟夜半的景象，又有李贺《雁门太守行》中“黑云压城城欲摧，甲光向日金鳞开”所渲染的危急紧张的氛围；既有辛弃疾《贺新郎·别茂嘉十二弟》中“马上琵琶关塞黑，更长门、翠辇辞金阙”所抒发的远适荒野的悲痛，又有李清照《声声慢》中“守着窗儿，独自怎生得黑”所表露的寂寞难耐的凄凉。经过“黑”字的点染，诗人在字里行间将浓情寄于景物，读来不由令人迷醉在黑色所营造的诗词世界里。

诗中有画，画中有诗。传统绘画艺术中的“黑色天地”也让人心驰神往。传统水墨画作为中国画的表现形式之一，它不似西洋画般绚丽地敷彩陈色，而是利用水墨的浓淡深浅在黑墨白纸的映衬中表现山水自然的生动气韵。一笔浓黑，或轻或重，或虚或实，在用笔运墨间，使明暗相合。一张宣纸，一方墨砚，挥毫泼墨，尽显胸中丘壑。正如书画家常说的“墨分六彩”“运墨而五色具”等，只有通过运用不同的用墨手法和绘画技巧，才能表现出传统水墨画渐进变化的景致，才能够在黑白的布局中描绘出秀美灵动的山川树石、云烟雾霭和风雨明晦。无色似有色的山水，远看是不甚分明的浓黑晕染，使我们领略山重水叠的辽阔气势，近看则是井然有序的层林尽染，使我们感受连峰叠嶂的笔墨意境。一纸清白、浓淡不同的黑色，淋漓尽致地演绎着各式山水的绝妙，抒写着画家胸中的情怀。

《万松烟霭》黄宾虹

引自《二十世纪中国文艺图文志（美术卷）》，范迪安著，沈阳出版社，2002年。

国粹京剧作为中华民族文化的瑰宝，与古代诗词和传统绘画艺术有异曲同工之妙。京剧舞台上那华丽的戏服、奇妙的脸谱和独特的唱腔，可谓是相得益彰，魅力无限。其中，脸谱作为京剧艺术重要的外在表现形式，凭借绚丽夸张的色彩和精巧复杂的面部图案，给人的印象最为深刻。不同的脸谱具有不同的图案色彩和眉眼配合，能够直观地刻画出剧中人物迥异的神情和鲜活的个性，颇具特色。脸谱艺术从南北朝、隋唐时期乐舞节目中的面具，到宋元杂曲中的白色丑角，再到勾画精细、生动有神的各类谱式，经历了漫长的历史发展过程。在原始脸谱产生初期，黑色、红色和白色是勾画脸谱的常用对比色。伴随京剧艺术的不断发展，脸谱的用色逐渐丰富，黑色也由原本简单的脸谱基础色变成了能够代表人物性格的典型用色。在京剧艺术中，黑色脸谱象征着人物刚毅、勇猛、粗鲁、憨直的特征，如包拯、张飞和李逵等。可见，黑色在脸谱艺术中直接成为了一种性格，一种标识。

《铡美案》中的包拯

引自《中国京剧脸谱》，赵梦林编绘，朝华出版社，2003年。

在汉语发展过程中，随着“黑”字使用范围的扩大，它的义项也日益丰富。人们将“黑”字具体的感知义抽象化，形成了一些带有贬义色彩的意思。由于一些非法的、罪恶的行为多在黑夜或昏暗不见光的环境中隐秘地进行，“黑”即引申为秘密、隐秘的。如黑名单、黑市和黑话等。其中，“黑话”一词特指流行于某一特殊人群或行业中，不为外人所了解的语言，如同行业内具有一致共识的密语、暗号等。如股票、警察和间谍等工作中的行话等。另外，由于黑色代表着冷酷和强硬，能够给人以压抑和恐怖的体验，人们便逐渐用“黑”象征破坏、暴力和邪恶。如黑社会、黑手和脸厚心黑等。

值得注意的是，对于黑色的色彩体验，中西方文化存在着一定的差异：相对于黑色在中华文化中的长久崇拜，西方文化中的黑色却因常用来象征邪恶和死亡，被视作禁忌色，如欧美的部分国家多忌黑色。随着中西方文化的相互渗透，中西方对黑色的认知也在不断地发生变化，可谓是今非昔比。受到西方文化的影响，黑色逐渐成为了我们生活中已约定俗成的仪式性色彩。如人们在追悼会或葬礼中的黑衣装束、臂挽黑纱等着装。他们在感受黑色渲染的悲哀氛围的同时，借以表示对死者的哀悼与敬意。此外，在出席正式场合时，男士也多衣着黑色或深色正装。这也是黑色在服饰文化中的一个转变。

现在人们常常用“黑马”一词特指获得出乎意料胜利的人。“黑马”到底是从何来呢？一般认为，这个词最初是源自英国杰明·狄斯雷斯的小说《年轻的公爵》中西方赛马场上的俚语。小说在描写一场跑马比赛的场景时，一匹从未被人注意的黑马竟然出其不意地在比赛中取得了胜利，远远领先于其他原本呼声很高的马。从此，“黑马”一词不胫而走，并逐渐成为当前体育界、经济界等领域的习惯用语。

此外，“今天你被黑了吗”这一流行语，是伴随互联网的普及和社会事件而形成的。2008年10月，微软公司开始强制实施Windows XP系统“黑屏”

反盗版计划，使我国众多的计算机用户被“黑屏”。这一掀起社会恐慌波澜的微软“黑屏事件”令“被黑”一词广为流传，并发展成为人们见面寒暄时的常用语。这里的“黑”字用作动词，在打破了人们对传统语义的认识的基础上，被赋予了简洁性和生动性，并略带戏谑的意味。后来，“被黑”一词常常用来委婉地表达对他人的不满，相当于“被耍”“被玩弄”和“名声被抹黑”的意思。从此，“黑”字，具有了诙谐幽默的风采。

作为生命必经之路的“黑”，她于人们多是消极情绪的诉说者，如影随形，无处逃遁。生活中的黑色也多会让人联想到孤独、恐惧和绝望。几经岁月洗礼，黑色在色彩文化中令人讳莫如深的同时，又深感蕴含深邃。不论是浓得化不开的黑夜，还是万籁俱寂的昏暗，都让我们有敬畏之感。“黑”如同火树银花，在浅笑安然中点亮，熠熠生辉。

（姜慧/文）

【谈“玄”说妙】

汉语中“玄”这一概念，最早出自老子《道德经》“玄之又玄，众妙之门”之语，极言道家思想的幽深微妙。人们对于“玄”字的认识，更多地集中在道家思想上。但实际上，自造字时代起，“玄”字便在中华文化中表现出了别样的深邃和精彩。究竟“玄”字是如何发展成为“玄之又玄”的呢？让我们走进“玄”字的历史，去领略历代祖先们所积淀的玄妙之美吧。

甲骨文的“玄”字作，象丝束之形。金文基本承袭了甲骨文的写法，写作、等形体。一直到秦汉时期，“玄”字则在古文字形体的基础上增加了横画，作，为后世通行字形所本。甲骨文中的“玄”字多见于祭祀用牲卜辞，用其本义，表示赤黑色。如“枽禾于夒，三玄牛。”(合集三三二七六)《易・坤》：“天玄而地黄。”有的学者认为“玄”“黄”本分别指黑色和黄色，多用于指天地之色。但是，由于古汉语中的“玄黄”一词为双声联绵词，不能拆

开使用，即便少数能够分开使用，其意义也不能拆开来解释。因此，此处的“玄黄”不可理解为黑色和黄色，而应表示生病的意思。如《诗经·周南·卷耳》:“陟彼高冈，我马玄黄。”

受到古代阴阳五行学说的影响，表示黑色的“玄”也可用来特指北方，如玄堂、玄方等。后来“玄”由泛化的“黑色”之意逐渐引申为深奥、神秘的意思。如《楚辞》:“临湘沅之玄渊。”《说文解字·玄部》:“幽远也。黑而有赤色者为玄。象幽而入覆之也。”值得注意的是，随着汉字的发展演变，此时的“玄”字已经由象形字演变成了会意字。在出土简牍文献中，“玄”字多用作“微小幽远”的意思。如《郭店楚墓竹简》中的“是胃（谓）玄同”和《马王堆汉墓帛书》中的“微眇（妙）玄达，深不可志（识）”。

“玄”，在中华文化中演绎出了很多具有传奇色彩的神话。“玄鸟”的传说是其中起源相对较早的。《诗经·商颂·玄鸟》:“天命玄鸟，降而生商，宅殷土芒芒。”《史记·殷本纪》中也有商代简狄吞食玄鸟卵后生下契的相关记载：“三人行浴，见玄鸟堕其卵，简狄取吞之，因孕生契。”这些都证明了在古史中已经流传了很多关于“玄鸟”的传说。对于古代玄鸟的原型，有人认为玄鸟

玄鸟妇壶铭文

引自《商周图像文字研究》，刘正著，上海书店出版社，2013年。

的原型是燕子；有人认为是载日之鸟，隐指太阳，后来被世人逐渐神化为凤凰；还有人认为是上古时对所有神鸟的泛称。虽然确切答案尚待考证，但至少从文献资料可以看出，玄鸟无疑已经成为了先民崇拜的对象。此外，考古发掘的商代晚期玄鸟妇壶也可以作为出土的实物资料与之印证。玄鸟妇壶这一被认为是“先世玄鸟图腾崇拜的残余”的青铜礼器，很有可能是后世子孙为传承玄鸟的不朽信仰而铸造的，可视作古人动物崇拜和生殖崇拜在金文中的延续。

《尔雅 · 释天》：“九月为玄。”这里的“玄”特指农历的九月，它的由来当与夏末秋初时的北宫玄武相关。古人在观察日月运行、测定星象时常用“四象二十八宿”作为参照。结合阴阳五行学说，古人将四季的星空划分为四宫，分别为东苍龙，北玄武，西白虎，南朱雀。其中，斗、牛、女、虚、危、室、壁等北方七宿总称为“玄武”。由于这些北方七宿的排列如同一只龟的形状，神龟

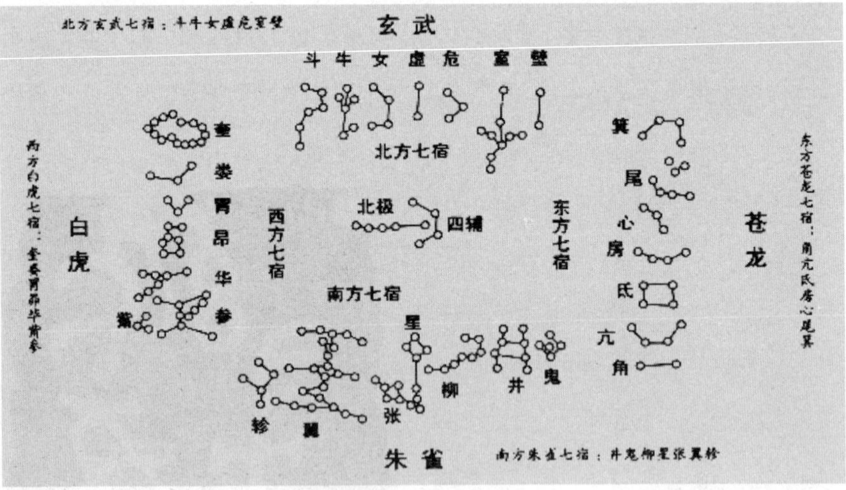

二十八宿

引自《国学知识大全》，思履主编，中国华侨出版社，2014年。

汉　　灰陶玄武瓦当

引自《紫禁城》，王子林著，2012年第1期。

便成为了玄武的象征。同时，在“洛出龟书”“玄龟封记”等神话故事中，也继承了这一久远的神龟崇拜。一直到汉代，人们才开始认为玄武是龟蛇合体的形象。宋代洪兴祖《楚辞补注》：“玄武谓龟蛇，位在北方，故曰玄。身有鳞甲，故曰武。”随着玄武由星宿象征演变成了北方之神，玄武也由初始的神兽信仰逐渐转换成了一种人神的文化信仰，更显其神秘莫测。如今南京的玄武湖也正是因其地处六朝京城之北的位置而得名。

除了带有神话色彩外，“玄”在古代的服饰制度中也具有特殊的文化特质。中国自古是礼仪之邦，不同的场合有着不同的衣冠服饰要求。其中，玄衣起源于西周时期的冕服制度，是古代君主身份和政治地位的典型象征。尽管古代的冕服制度在不同朝代会有所改变，但玄衣的重要地位一直被传承下来。据相关文献记载，玄衣的剪裁很特别，一般衣长、衣袂都是二尺二寸，为正幅正裁，显得端正郑重，所以又称之为“玄端”。古代的帝王诸侯在举行重大的祭祀典礼时，都要依照礼制秩序的要求穿冕服。《周礼·春官·司服》中有“祭群小祀，则玄冕”之句。郑玄注：“玄者，衣无文、裳刺黻而已……凡冕服皆玄衣纁裳。”古代帝王在祭祀山林、川泽、土地之神时要穿没有纹饰的黑

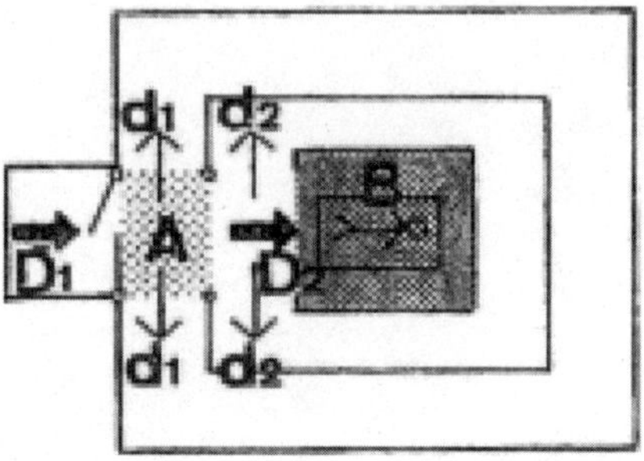

湖南省长沙市象鼻嘴一号墓 回廊型玄室的形制标本

引自《汉墓的考古学研究》，黄晓芬著，岳麓书社，2003年。

色上衣和浅红色的下裳。上衣之所以取用黑色，是因为其中渗透了古人对天地的崇拜。一袭玄衣，在身着天地之正色的同时，也彰显出古人“天人合一”的思想文化核心，突出了君王的尊贵和威严。

此外，古代帝王陵墓制度中的“玄宫”也是这一传统文化的产物。由于北方是五行中的上方，自古被认为是君主的正位，所以历代帝王陵墓棺具的位置处于地下陵墓北方的宫室内，也因此称之为“玄宫”或“玄室”。《晋书·后妃传上·武悼杨皇后传》：“爰定宅兆，克成玄室。” 现今，这一传统在民俗文化中也有所体现：北方的很多地区在除夕之时，仍将家谱和已故父祖及祖先牌位放置在正北方，并在前面摆好祭品、烛台等，供家人通过上香、磕头等形式祭祀祖先，遥念祖先留下来的岁月，祈求幸福安康。

在中国哲学史上，“玄”也有着非同寻常的意义。早在先秦两汉时期，道家哲学就已不断地繁荣发展起来。早期的古代哲学家坚持主张遵循自然的秩序、归于自然。一直到魏晋时期，哲学家在继承道家“无为而治”思想的基础上，融合儒道学说开始了幽深学问的研究，“玄学”随即应运而生。他们在探究世界本体的过程中特别注重对“三玄”，即《老子》《庄子》和《周易》的研究。其中，何晏、王弼的“调和说”和裴頠、郭象的“崇有论”等观点最具代表性。这一时期的玄学对后世的佛学、艺术理论的发展都产生了相当大的影

《老子授经图》尹喜拜见老子的场面
引自《中国哲学史》，张岱年著，中国大百科全书出版社，2010年。

响。至此，“玄”字已经由表赤黑色的颜色词逐渐发展成为了一种“玄之又玄”的哲学思想。因此，现代汉语中“玄机”“玄妙”等表示深奥神秘之意的词，也多是由道家或之后的玄学思想衍生而来的。

“玄”字深深地扎根于中华文化的土壤，既融于鲜活的生活，又渗透到意识的深处，带领我们寻求并解读文化中的无限玄妙。

（姜慧/文）

【心“焦”如焚】

“楚人一炬，可怜焦土”。一提起“阿房宫”，人们不免会为它所遭受的命运感到扼腕叹息。多么恢宏壮观、极尽奢华的宫殿，在项羽的一把火中灰飞烟灭。然而，经过科学的考古发掘和勘探后，我们得知：历史上的阿房宫并没有被焚烧。据考古专家考证，阿房宫的遗址不仅没有经过焚烧的痕迹，而且遗址中只有其前殿的基址。换言之，秦代的阿房宫在当时还尚未建成完工。《史记》：“遂屠咸阳，烧其宫室……烧秦宫室，火三月不灭。”可知，上述历史文献中所描述的，应该是项羽当年焚烧咸阳宫或其他秦宫室时的景象，而非阿房宫。原来，古代典籍和诗人对阿房宫毁于大火的记载和咏叹，是一个“美丽的误会”。阿房宫，未在焦土之下，却又湮没在历史中，留给我们无尽的想象。

甲骨文的“焦”字作，从字形上看为用火烧鸟之意。金文中的形体基本继承了甲骨文的写法，作。古代玺印中的“焦”字作，上所从由一隹变

阿房宫想象图

引自《藏在身边的科学》，胡郁著，安徽美术出版社，2013年。

为二隹。《说文解字·火部》："火所伤也。从火雥声。"从"焦"声的字多有"小"义。如"穛"为早取的谷，"僬"训矮小的人等。到了篆文写法中，从三隹之"爨"为篆文正体，从一隹之焦为其或体。《玉篇》："焦，火烧黑也。"这里的"焦"是黑色的意思。从汉字形体的发展演变看，在"焦"字写法逐渐繁化的同时，其汉字形体的图画性已经消失，逐渐向符号化、规整化的方向演进。成语"焦头烂额"是指头部和额部被火烧焦或灼伤，常用来形容处于困苦疲惫的境地。汉语中被火所烧的"焦"多保留在成语和方言口语中，如"心焦火燎""焦沙烂石"和"焦黄""焦脆"等。

民以食为天。人类自古就对美食有着特殊的情怀，特别是发明和使用明

焦

引自《汉字演变500例及续编》，李乐毅著，北京语言学院出版社，1992年。

火后，对美食则更加充满了智慧。除了“焦”字，还有很多汉字与美食相关。它们既能够体现出人类对美食的垂涎，又能展现出上古时期人类生活中的浮光掠影。例如“炙”字，小篆写作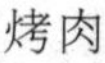，为肉在火上，即烤肉的意思。又如“衮”字，小篆的形体为，意思为用微火温肉。“𤎖”字的小篆形体作，意思为用火烘干肉。《周礼 · 笾人》注：“鲍者于楅室中糗干之。”即把盐腌的鱼放在楅室里。这种烹制食物方法犹如今天的微火烘焙。火，不仅结束了人类茹毛饮血的时代，还创造了新生的人类饮食文化。

除了表示由火所烧，“焦”还可以用作程度副词。在明清时期的山东方言中，就已见用“焦黄”表示“很黄”“极黄”意思的例证。《镜花缘》第五十一回：“忽见岸上走过一个道姑，手中提着一个花篮，满面焦黄，前来化缘。”由于“焦”字可以表示东西经火烧后，因缺水由黑色变得干枯的样子，这与“黄”在表示颜色的意义上有相通之处。因此，“焦”“黄”二字连用，强调了颜色发黄的程度。随着“焦”使用范围的扩大，其词性进一步虚化，逐渐具有表程度的语义功能，意思为“非常”。如“焦响”“焦干”和“焦瘦”等。此外，“焦”字的副词用法也可以修饰人的心情状态，表示非常着急、不安等，如“焦急”“焦躁”等。

此外，汉语中的“焦”还可以表示“焦点”的意思。镜子作为人们日常生活中的必需品，在古代经历了由“以水为鉴”到“以铜为鉴”的演变过程。随着造镜工艺的日臻完善，古人对镜子的使用原理也有了深入研究。古代典籍中不乏关于镜子成像原理的记载。《墨经·经说下》：“说鉴：中之内，鉴者近中，则所鉴大，景亦大；远中，则所鉴小，景亦小，而必易。合于中，缘正而长其直也。”“中之内”的“中”指的是“中燧”，即焦点。这是对凹面镜所成像规律和焦点关系的解释说明，即物体位于凹镜的焦点以内时，所成的是放大的正立的虚像。需要说明的是，古时候的阳燧取火正是利用这一原理，通过聚集日光点燃易燃物后取得明火的。明代李时珍《本草纲目》(卷六)：“阳燧，火镜也。以铜铸成，其面凹，摩热向日，以艾承之，则得火。”可见，古人在生活中并非止于镜中花的美好景象，而是多了一份深入认识世界的探索精神。后来，现今人们常用“焦点”一词指代抽象问题或思想认识的集中点和关键。

成语“焦熬投石”，意思是将熬制的很脆的东西扔向石头，常用来比喻自

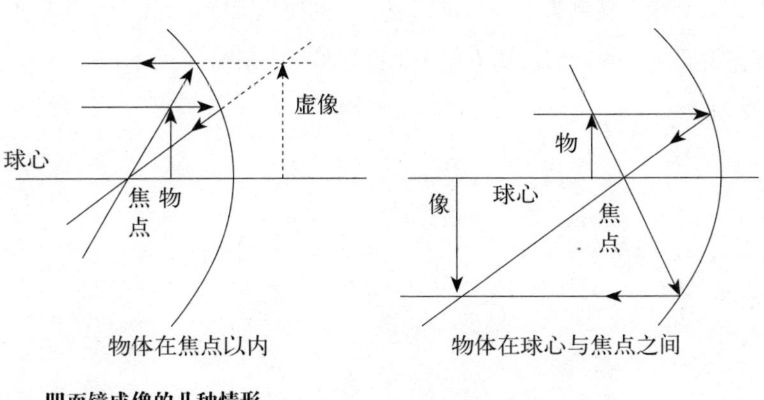

凹面镜成像的几种情形

引自《中国古代科技名人传》，张润生编著，中国青年出版社，1981年。

焦熬投石

引自《邯郸非物质文化遗产辑粹》，刘裕民著，中国文史出版社，2008年。

不量力或自取灭亡。这里的“焦”字为由用火烧引申而来的焦枯、焦脆的意思，用作形容词。这一成语出自《荀子·议兵》：“桓、文之节制不可以当汤、武之仁义，有遇之者，若以焦熬投石焉。”这句话的意思为齐桓公、晋文公的军队不能够和商汤王、周武王相匹敌。如果两军真的交锋，那么齐、晋两国将会如同用熬得焦脆的东西去击打石头马上就碎一样，必然会失败。“焦”字在汉语的变迁中勾勒出古代社会生活形态的同时，也存留了中华文明的智慧之光。

由火烧黑之焦到集中的焦点，“焦”字的使用范围逐渐扩大，其意义更加丰富。“焦”字也为我们认知不同文化打开了另一扇窗。

（姜慧/文）

【一尘不“缁”】

缁衣之宜兮，敝，予又改为兮。适子之馆兮。还，予授子之粲兮。

缁衣之好兮，敝，予又改造兮。适子之馆兮，还，予授子之粲兮。

缁衣之席兮，敝，予又改作兮。适子之馆兮，还，予授子之粲兮。

——《诗经·郑风·缁衣》

古代诗歌中有很多借生活中的日常事物来表达情意、书写胸怀的诗句。《缁衣》这首诗以复沓的形式通过托物言志的手法，表达了对缁衣合身的咏叹。“缁衣”是古时用黑色布帛做的朝服。对于此诗的主旨，有人认为是为赞颂郑武公敬重贤才而作，也有人认为歌颂的是夫妻之间的缱绻之情。子曰：“好贤如《缁衣》，恶恶如《巷伯》，则爵不渎而民作愿，刑不试而民咸服。”这句话的意思是，如果能像《缁衣》篇所说的那样喜爱有贤能的人，像《巷伯》篇所说的那样憎恨奸

君之好贤　君臣之谊

引自《诗经三百首鉴赏大全集　彩色图解》，沐言非著，中国华侨出版社，2012年。

佞小人，那么爵位就会得到尊重，人民也会恭敬，不需要使用刑罚便会令人民都服从。由此可知，《诗经 · 缁衣》是借缁衣来抒发对郑武公礼贤下士、有好贤之德的赞美之情。一代君王，只有拥有求贤若渴的胸怀，才能以风范成就千古帝业。

《说文解字 · 糸部》："缁，帛黑色也。从糸甾声。"段玉裁注：古文缁字或作糸旁才。《玉篇》："缁，侧其切。黑色也。紂，同上。"从相关的文献记载可知，古时的"紂""缁"二字为异体字，都可以表示黑色的意思。在古代汉语中，本相对于"黑"字，"紂""缁"二者表示黑色义的书面语性质更强。在出土文献中，"紂"的出现早于"缁"。"紂"字始见于战国时期的楚简文字，作。"缁"字则一直到西汉时期的才出现。对于"缁"字的造字理据，东汉许慎认为"甾"字为古代陶器的象形，实际上是由鸟巢取象。有的学者认为"缁"之所以取象于鸟巢，是因为鸟巢是呈现口小腹大的形状，这与缶的形状相同。甲骨文的“甾”字作，金文字形作。到了隶书时期，“甾”讹写作，楷化后字形下部的田多讹写作日。如北魏《元瞻墓志》中的“淄”字作。

早在殷商时期，养蚕业逐渐发展，古代丝织品的种类和用途也日益增多。《周礼·考工记》：“三入为纁，五入为緅，七入为缁。”这是对古代纺织品印染方法的记录。郑玄注：“染纁者，三入而成，又再染以黑则为緅……又复再染以黑，乃成缁矣。”在古代的草染过程中，古人通过不同次数的浸染和染料混染可以形成各种浓淡层次的颜色：将布帛在红色染浆中染三次可以得到浅红色，再在黑色中染五次就是青赤色，染七次就成了黑色。可知，古人在生活中很早就拥有了今天混合调色的意识。

在古代汉语中，“缁”字除了表示黑色的衣服，还可以指僧人。佛教发源于印度，与非出家人穿白色衣服不同的是，古印度的僧侣常身穿黑色的僧衣，因而“缁衣”一词发展成为了僧人的代称。随着佛教传入古代中国，这一“从衣色名之”的称呼也被广泛使用。唐代《上都大安国寺大达法师玄秘塔碑》中记载道：“诏和尚率缁属迎真骨于灵山。”这里的“缁属”，又称“缁流”，是佛教的用语，为古代对僧人的泛称。“缁林”则指古代僧人的聚集之处。“高缁”一词为高

莫高窟西魏僧人服饰
莫高窟285窟南壁

引自《中世纪服饰》，谭蝉雪著，华东师范大学出版社，2010年。

僧的含义。成语“削发披缁”是指剃光头发，穿上僧衣，即表示出家为僧的意思。

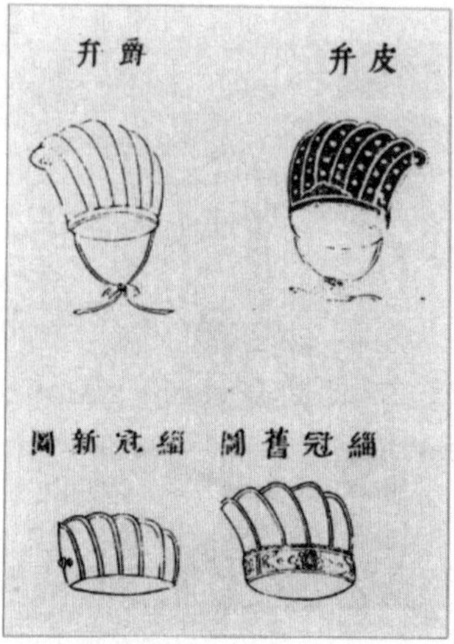

缁冠、爵弁、皮弁

引自《图说中国文化基础》，郭维森、柳士镇主编，新世界出版社，2007年。

从呱呱坠地时起，人生中每一次重要的时刻，都有一些传统的风俗仪式与之相对应。其中，称之为“冠笄之礼”的中国传统的成人礼仪，在古代社会生活中具有重要的地位。男子加冠、女子加笄的礼仪，标志着个人成人身份的转变。依照周礼的范式，古时的男子是在二十岁时行冠礼，女子则是十五岁左右行笄礼。古人行冠礼不仅要事先卜筮良辰吉日，其过程也有着严格的礼制规范。古时在给冠者行冠礼时，要求由长辈给男子依次戴上由黑布、鹿皮和丝帛等不同材质制成的帽子，即所谓的“初加缁布冠，次加皮弁，次加爵弁”。这三种不同材质的帽子分别象征着他先后拥有了不同的权利和资格，并具有了一定的社会地位。在冠礼“三加”过后，长者还会给加冠的男子取定一个字。至此，礼毕，方能标志受冠者已成年。《礼记 · 玉藻》：“始冠，缁布冠，自诸侯下达，冠而敝之可也。”《礼记 · 冠义》：“三加弥尊，加有成也。”

古时的“缁”字除了保留在传统的服饰文化中，还在传统教育中留下了不可磨灭的印记。古人常用“缁帷”一词指犹如黑色帷帐般的繁盛茂密的树林。《庄子 · 渔父》：“孔子游乎缁帷之林。休坐乎杏坛之上。弟子读书。孔子弦歌鼓琴。”此句既是对孔子在杏坛聚众讲学时的场景的描绘，也是“杏坛”这一典故的源出之处。成玄英疏：“其林郁茂，蔽日阴沉，布叶垂条，又如帷幕，故谓之缁帷之林也。”后来，“缁帷”一词逐渐被人们典故化，特指古代高

孔子讲学图

引自《中国历史全知道》，微阳主编，中国华侨出版社，2014年。

人贤士布道授业、聚徒讲学。

总之，虽然古代汉语中“缁”字衍生了很多外延意义，其使用的语义场逐渐扩大，但用以表示黑色的意义始终没有消失。到了现代汉语中，“缁”字的这一用法多遗留在成语中。如“不磷不缁”源自《论语·阳货》“不曰坚乎？磨而不磷；不曰白乎？涅而不缁”之句。意思是既磨不薄也染不黑，多用来比喻意志坚定、坚贞高洁的人不会因环境的影响而改变。“一尘不缁”则指不受坏习惯和坏风气的影响，形容非常清洁、干净。

（姜慧/文）

【指“皂”为白】

屈原《渔父》中有言：“沧浪之水清兮，可以濯吾缨；沧浪之水浊兮，可以濯吾足。”意思是说沧浪的水如果清澈，可以洗我的冠带；沧浪的水如果浑浊，则可以洗我的双脚。这说明古人很早就有了洗濯除污、保持清洁的习惯。但是，由于生产力水平较为落后，古代生活中没有像现在肥皂、洗涤剂等这样便捷的化学洗涤品。最初古人是使用较原始的草木灰水来去除污渍的。后来，古人开始使用皂角来洗濯污垢。于是，皂角逐渐开始替代草木灰水，成为了古时绿色纯天然的洗涤用品。

除了使用皂角这一植物洗涤剂外，人们还发明了利用动物胰腺去渍的好方法。把猪胰腺、猪油和天然碱等混合加工后做成块状，就成为了现在经常使用的肥皂的前身——猪胰子皂，又称作“胰子”。后来，随着近代中西文化交流的日益增加，西方的洋皂逐渐替代了传统的洗涤方法，皂角、胰子等“老面孔”逐渐淡出了历史舞台。

皂角，又称“皂荚”，是栎树的果实。《诗经·秦风》:“山有苞栎。”陆玑注云:“即柞栎也。秦人谓之栎，徐人谓之杼，或谓之栩。其子谓之皂，亦曰皂斗。其壳煮汁可染皂也。”由于皂角的壳煮水后呈现黑色，可以用来染色，故古人用之作为主要的黑色染料。因此，“皂”字也可以引申为黑色，并在很长的历史时间里成为了汉语“黑色家族”中的一员。如成语“青红皂白”“指皂为白”和“皂白难分”中，都是“皂”“白”对举。后来，以“皂白”比喻是非。

“皂”字最早见于金文，作。篆文本当作。许慎《说文解字》中漏收了“皂”字，认为“皂”是“草”的俗字。《说文解字·艹部》:“草，草斗，栎实也。一曰象斗子。从艹早声。”徐铉注：今俗以此为艹木之艹，别作“皁”字，为黑色之“皁”。也就是说，在“栎实”这个义项上“皂”字和“草”字是一组古今字。“皁”则是“皂”的异体字。这才是“草”“皁”和“皂”三者在汉语发展演变过程中的关系。

皂荚

1. 花枝 2. 花 3. 花展开 4. 雄蕊 5. 雌蕊 6. 荚果 7. 种子 8. 枝刺

引自《山东药用植物志》，李建秀、周凤琴、张照荣主编，西安交通大学出版社，2013年。

《左传·昭公七年》："天有十日，人有十等。下所以事上，上所以共神也。故王臣公，公臣大夫，大夫臣士，士臣皂，皂臣舆，舆臣隶，隶臣僚，僚臣仆，仆臣台。"这里的"皂"是指古代在编的差役人员。由于他们多身穿黑衣，故名之曰"皂隶"，黑色也随即成为了当时卑贱等级的主要服色。《国语·晋语》："公食贡，大夫食邑，士食田，庶人食力，工商食官，皂隶食职。"这可以理解为古代的王公主要依靠进奉的东西生活，大夫依靠自己封地生活，士依靠自己的田地生活，庶人依靠出卖自己的劳动力生活，工商依靠服务官府所得生活，皂隶则依靠其具体职务获得的口粮生活。在春秋战国时期已初步形成的贵族、平民和奴隶三个阶级的封建社会结构中，作为基层属吏的皂隶主要依附于贵族而生存，其阶级地位相对低下。如"皂头"是指古时衙门差役的头目，"皂快"是旧时衙门的捕快。"皂"字，在历史的光阴中蒙上了浓重的等级色彩。

骑马的官府仆人

引自《1793：英国史团画家笔下的乾隆盛世——中国人的服饰和习俗图鉴》，威廉·亚历山大著、沈弘译，浙江古籍出版社，2006年。

自从“周公制礼作乐”，周代逐渐开始创立以阴阳五行学说为基础的古代服饰用色制度。这一制度也是古代礼节分明、尊卑有度的典型体现。在中国历史上，周礼对如何使用青、红、黄、白和黑五色作了详尽、严格的规范。到了春秋战国时期，由于受到政治形势动荡不安和百家争鸣思想的影响，六国的服色不再严格遵循周礼的要求，而是各有风采。此时“皂隶”一词的产生，也在一定程度上说明黑色的地位较为低下。一直到秦始皇时期，开始以黑色为主要的服饰用色。《后汉书 · 舆服志》：“秦以战国即天子位，减去礼学，郊祀之服，皆以袀玄。” 这里的“袀玄”，即为黑色的衣服。在汉代，古人主张依照五个不同的时节而改着服饰，后世称为“五时衣”，即春青、夏朱、季夏黄、秋白和冬黑。值得注意的是，虽然有五时衣，但是实际上当时的文吏在上朝时依旧“皆服皂色”，“皂色”也就成为了汉代的富贵色。到了东汉后期，黑色在古代服色制度中的地位又逐渐下降，仅为底层的奴隶所用。魏晋时期，黑色又重新返回富丽的舞台，成为了当时显贵一族使用的服色。由此可见，随着几千年来的改朝换代，表示黑色的“皂”字也在古代服色文化中历经飘摇，数度浮沉。

洛阳东村东汉墓壁画

引自《看得见的中国服装史》，张竞琼、曹喆著，中华书局，2012年。

古代的“皂”也可以指喂牛马的食槽。如“皂牢”是饲养牛马的圈栏，“皂栈”是指马厩。关于“皂”字的这个意思，古代文献中有很多相关的资料记载。《广雅 · 释器》：“皂，枥也。”“枥”是指古代的喂马槽。《方言》：“枥，梁、

皂隶舞表演

引自《妈祖信俗中民俗体育的变迁》，戴维红著，厦门大学出版社，2012年。

宋、齐、楚、北燕之间或谓之皂。”清人王念孙认为由于“槽”与“皂”音近，导致“皂”字可以表示马槽。因此，这一义项主要是由于方言语音的差异而造成的。后来，“皂”又可以引申为马十二匹的意思。《周礼 · 夏官》:“乘马一师四圉，三乘为皂。皂一趣马。”这句话的意思是古时每四匹马就有四个养马人和一个管马的官负责。十二匹马即为一皂，每皂有一个趣马官负责。可知，这里的“皂”由食槽演变为指称十二匹马之意，可以当做是古代临时性的量词。这一词义演变类似于原表示方形竹器的“笥”在出土文献中作为量词的常见用法。如马王堆一号汉墓竹简:“豕炙一笥，鹿炙一笥，炙鸡一笥。”

在民俗文化中，由西汉时期的“傩舞”演变而来的皂隶舞，古朴粗犷。古代的皂隶舞既是古代官员出巡时举行的庄严仪式，也是远古崇神的傩舞遗存。其中，最有特色的是流传于福建莆田民间的皂隶舞。獠牙面具、皂衣红舌、黑衣红裤和绑腿扎带等装扮是远古时驱邪除鬼的遗风，由此形成的威武整齐、神秘热烈的独特风格也让人印象深刻。

（姜慧/文）

【“白”首之心】

提到白色，你会想到什么？是皑皑白雪，还是皎洁月光？是心地光明，还是纯洁无瑕？是明明白白，还是白手空拳……汉语中的“白”有着很强的构词能力，具有多个义项。实际上，在汉语的发展过程中，“白”的各种用法在跌跌撞撞地行走着，才有了今天的模样。

“白”字最早见于甲骨文，字形作、或，是一个象形字。在甲骨卜辞中，“白”字可以作地名、人名和族名等，如“贞不雨，在白。”（《甲骨文合集》12523）“白”还可以引申为首领的意思，即相当于古籍中的“伯”字。同时，还能假借为白色的意思，如“用白牛祖乙。”（《甲骨文合集》1619）对于“白”字的构形理据，诸学者众说纷纭。东汉许慎指出，“白，西方色也。阴用事，物色白。从入合二”。他认为“白”是西方所对应的颜色，带有明显的五行学说的特点。这种观点不足为汉字的构形理据。段玉裁在《说文解字注》

《雪景山水图》

引自《明代宫廷书画珍赏》，故宫博物院编，紫禁城出版社，2009年。

中认为“白”是象米粒之形。蒋骥先生指出“白”为“太阳之明”。郭沫若先生在《金文丛考·金文余释》中指出，“白”应为“实拇指之象形”，后来引申为伯仲之“伯”的。姚孝遂先生在《许慎与说文解字》中结合“皃”字的字源，认为“白”字应为象人首形。我们认为，应当从姚说，即“白”的本义是表伯仲之“伯”，用为白色是其假借后的用法。汉字中从“白”的字多带有白色的意思，如表示人肤色白的“皙”、表示月光白的“皎”和表示霜雪之白的“皑”等。

此外，值得注意的是，“百”和“白”或应为同源关系。结合人类学的颅骨形态可以发现，“白”字所象之形为从上方看头颅顶的形状，“百”字所象形即为颅骨枕面的形状。从语音上看，“白”字为並纽铎部，百为帮纽铎部，二者的古音相近。因此，“白”“百”二字为语义相通，语音相近的同源关系。

体质人类学颅骨观察

引自《白、百同源，义为头颅》，张建华著，《中国文字研究》（第二十一辑），上海书店出版社，2015年。

从词义的发展演变看，由“白”字假借而来的“白色”义通常具有明度强、亮度高的特点，因而“白”可以引申为明亮、光亮的意思。如白日、白昼等。在这个意义的基础上，人们又进一步将“白”的“明亮”之义活用为动词，即“使……变明亮”，也就是说令人心变得明亮、敞亮，进而引申为“清楚”“明白”的意思。如《荀子·天论》：“功名不白。”另外，由于“当局者迷，旁观者清”，局外人却往往比较容易看清楚事情的本质。此时，只有经过别人的陈述或告知，自己才能够慢慢明白过来。因此，“白”最终也可以引申为动词“告诉”“陈述”的意思。如《史记·滑稽列传》：“巫妪弟子是女子也，不能白事，烦三老为入白之。”

从视觉感观方面来说，“白”所表示的白色，还能够给人一种纯洁、高尚的感觉。这种形象的情感体验后来发展为表示品行纯洁、没有污点的意思，即“清白”“高洁”。如明代于谦《石灰吟》：“粉身碎骨浑不怕，要留清白在人间。”这里的“清白”指代高尚的节操。

在明清时期，创始于唐代的武举制度逐渐兴盛。古代的武举考试不仅包括步箭、马箭和弓刀石，还有文字场等。在考文字场时，武童生们不需要作文章，只需要默写一段文字即可。如果能够写足三行，那么此卷即可称为“黑卷”，就算通过文字场考试；反之，就称“白卷”，即在文字场考试中失败。这或可视为现在“白卷”一词的历史来源。后来，在现代汉语中，人们也用“白”表示“没有结果或成就”“没有付出”，如“白操心”“白忙”等。此外，在古代科举考试中，书生多习惯穿白色袍衫，所以古人称考中者为“白衣卿相”或“一品白衫”。

值得注意的是，在传统服饰文化中，古代的“白衣”时常又称“素衣”，后来指无功名的人或平民。对于“白”字和“素”字，二者似又不尽相同。《说文解字·素部》：“白致缯也。缯之白而细者也。”段玉裁进一步解释道：“然则生帛曰素。对湅缯曰练而言。以其色白也。故为凡白之偁。”“素”是白色的绢或缯所表现出来的特点。也就是说，相对于“白”字在古代所强调的白色、干净等，“素”字更多的是强调没有任何装饰、文采等，维持丝帛、麻布等材料的原始面貌，代表本色、朴素的味道。因此，“白”和“素”在具体意义表达上存在着细微的差异。

需要说明的是，“白字”一词看似与“白卷”相类似，但是实际上，二者的意思并不相关。在古代，人们常用“白字”指别字。明代冯梦龙《笑府》卷中的“读别字”下注解道“吴语谓之白”，把“别字”叫做“白字”。清代顾炎武《日知录·别字》：“别字者，本当为此字而误为彼字也，今人谓之白字，乃别音之转。”他认为“白”字是“别”字的音转，也就是“别”的借字。现在的宁波话中仍有这样的读法。现代汉语中广义的“白字”多是指写了错别字的意思，即错字和别字的合称。狭义的白字是指错字，也就是写了一个本没有的字。

在人类的色彩观念中，颜色是历史文化、民族心理积淀的结果。其中，白色作为与夏代相续的颜色，是商代所崇尚的。《礼记·檀弓上》：“殷人尚白，大

孔门弟子守丧图
引自《中国礼仪文化》，马淑霞主编，外文出版社，2013年。

事敛用日中，戎事乘翰，牲用白。”这不仅表现在商代在服饰用色、祭祀用牲、田猎车马等考古资料方面，还在甲骨卜辞中多有印证。卜辞中多有白色动植物的记载，如“白牡”“白牝”和“白羌”等。但是，到了周代尚红之风兴起，白色成为了与死亡、丧葬相关的颜色。《周礼·春官·保章氏》郑玄注解道：“青为虫，白为丧，赤为兵荒，黑为水，黄为丰。”一般认为，现今仍用白色作为丧事主要用色的习俗，是周礼中以白为丧的遗风。

水白脸　曹操

引自《中国戏曲脸谱欣赏　脸谱的颜色》，邓元昌著，人民音乐出版社，2002年。

在京剧艺术中，人们也继承和发展了古代忌讳或不甚喜爱白色的文化心理。在京剧艺术中，用色丰富的脸谱是能够生动表现人物性格的典型方式。其中，白色的脸谱往往象征着人物阴险、诡诈、自负的性格特征，如曹操、赵高和李逵等。可见，白色在脸谱艺术中已经直接外化成为了一种性格的标识。

相较于古代，现代的白色所包涵的文化心理有了很大的变化。受到西方文化中白色象征着圣洁高雅、纯真无邪的影响，白色在人们心中的地位也逐渐提

殷墟出土的刻纹白陶罍

引自《商代社会的文化与观念》，朱彦民著，南开大学出版社，2014年。

升，不再拒“白”于千里之外。如现代西式婚礼中白色的婚纱象征着浪漫美好、以“白衣天使”称赞护士、用百合花表示吉祥如意等。

在中华民族器物文明史上，白陶的历史较为悠久。白陶是以瓷土和高岭土为材料烧制而成的，因其胎和表都呈现白色而得名。它在中国陶瓷工艺史上有重要地位。自大汶口文化中期，白陶就已经出现了。到了晚期，随着制作工艺的较大提升，白陶适应了商代尚白的观念，在商代进入了兴盛发展的时期。

在浪漫中行走，我们似乎已淡忘了白色的古老历史。让我们踏寻文明的脚步，在那纯洁温婉中让“白”更好地回归到时光中，岁月里。

（姜慧/文）

〖“银”烛秋光冷画屏〗

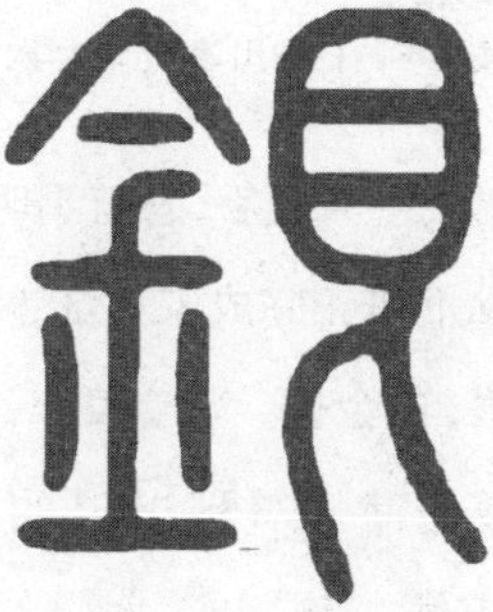

说到“银”，我们更多地联想到的是价值贵重的白银。实际上，自从有了“银”，它就未曾远离我们的日常生活。古人对“银”的使用早已有着悠久的历史。

马克思曾说道：“金银天然不是货币，货币天然是金银。”这说明金和银在人类发展过程中与货币经济联系紧密。在汉语使用过程中，人们也常把“金”和“银”并举，二者形影不离。从古代“以物易物”的原始经济到封建商品经济，古时的流通媒介由最早的贝壳逐渐发展成为了明清时期的白银。从古代货币发展史上看，春秋战国时期，金、银、铜和布帛等都可以用于商品的交换，其货币形式更加多样。到了秦统一币制时期，钱币才彻底取代早期的贝壳，成为了广泛流通的新货币。《盐铁论 · 错币》：“夏后以玄贝，周人以紫石，后世或金钱刀布。”后来，古代的货币形式又几经变革，由秦代的钱币到唐代的开元通宝，

元宝形、圆形银锭

引自《中国钱币学》，白秦川著，河南大学出版社，2014年。

再到北宋时期最早的纸币“交子”。最后，一直到明清时期，才基本确定了以白银为本位的古代货币制度，从而真正完成了从自然货币到规范货币的演变。

《说文解字·金部》：“银，白金也。从金艮声。”“银”是一个形声字，目前最早的字形见于张家山汉墓竹简，作[illegible]。“银”的本义是具有光泽的白金，其贵重程度仅次于黄金。在古代，“银”同“金”一样，也是古代皇室贵族身份地位的象征，只有足够尊贵富足的人才能够拥有白银的使用权。后来，随着语言文字的发展，“银”由表物到表色，逐渐引申为像白金一样有光泽的颜色，即为银色，如银盘、银白等。“银装素裹”是指大地在白雪的覆盖之下，仿佛是穿上了白色的新装，常用以形容雪景素洁美丽。同时，随着商品经济的发展，“银”的语义范围也逐渐扩大，可以用来泛指与白银或者货币流通相关的事物，如银行、银票等。

除了用作货币，“银”这一具有白色光泽的古代贵重金属还可以制成如酒器、佛器、茶具和银饰等日常的饰物和器具，装点并丰富着古人的生活。其中，古代的传统银饰因其小巧精致、式样丰富而为先民所钟爱。一直到现在，长命锁、银手镯等银饰仍保留在现代生活中。这些经过工匠的精巧设计和细致打磨的银饰，在保留了传统的制作工艺和审美趋向的同时，也逐渐成为了传统文化的载体。需要说明的是，传统银饰上多有特殊寓意的图案，或是动物的图腾，或是传说故事中的人物等。这些图案形象大多都是利用谐音或隐喻的方式传达出人们的祈愿和祝福。如雕凿图案为鹿的银饰象征着古人福禄长寿的美好祝愿。古人之所以喜爱佩戴这些银饰，是因为它们不仅能够显示出佩戴者地位的尊贵和身份的荣耀，更重要的是还可以寄托古人避祸祈福、祈求吉祥的愿望。

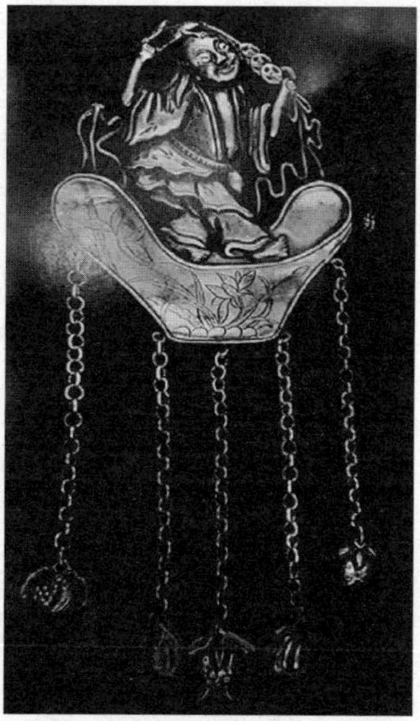

刘海戏金蟾银长命锁

引自《中国传统银饰 长命锁》，王金华著，湖南美术出版社，2013年。

北宋秦观《鹊桥仙 · 纤云弄巧》："纤云弄巧，飞星传恨，银汉迢迢暗度。"清代袁枚《马嵬》："莫唱当年长恨歌，人间亦自有银河。"不论是"银河"，还是"银汉"，这里都是引典于古代牛郎织女在迢迢银河鹊桥相会的传说故事。诗人借星空云汉这一意象，通过极言牛郎织女相距遥远，表达了诗人深深的寂寞之感、相思之苦，把无形

清 · 黄山寿　牛郎织女图

引自《中国婚俗文化》，《中国婚俗文化》编委会著，外文出版社，2010年。

的情感化为具体的意象，将主观情感与客观事物相融合。

由于夜空中的月亮往往呈现出明亮的银白色，“银蟾”也成为了月亮的别称。后人亦称之为“冰蟾”“银葩”等。“银蟾”时常会出现在古人的诗词中，用以衬托出夜晚的清冷寂寞。唐代白居易《中秋月》：“照他几许人肠断，玉兔银蟾远不知。”此处是通过描写明月挂夜空的景象，营造出凄冷、惆怅的基调，表露了诗人倍感失意伤感的情绪。夜阑人静，月光如洗，宁静的银色洒满庭院，也许此时的我们也会忽然变得悠闲、释然，学着静静地感受自己的思绪。

在传统服饰文化中，由于银色具有雍容华贵的特点，加上其颜色异常明亮，较少用于人们日常穿着的服饰。相比之下，少数民族以银饰盛装而闻名。他们在民族服饰的基础上将刻有精美图案的银饰与其色彩鲜艳的绣花裙子相搭配，线条明快、银光闪闪。如苗族的头饰将刺绣、银饰等工艺汇集一身，并配

苗族“银衣”

引自《少数民族服饰》，苏日娜编著，中国社会文献出版社，2008年。

以颜色丰富的绣花彩布，给人一种粗犷明艳、亲近自然的感受，突出了苗族鲜明的民族特色。

银脸：西海龙王

引自《中国戏曲脸谱欣赏 脸谱的颜色》，邓元昌著，人民音乐出版社，2002年。

在传统京剧的脸谱艺术中，脸谱凭借绚丽的色彩和夸张的面部图案，直观地勾画出各色人物迥异的神情。相对于京剧中众多金色脸谱的人物形象，只有西海龙王、财神等极少的形象需要勾画银色脸谱。这在一定程度上表明在脸谱艺术中，京剧表演艺术家亦可以通过金色和银色这两种不同的颜色表现神仙人物的法力特征的差异。

此外，在现代汉语中也有很多“银”字的成语。成语“铁画银钩”的意思是在书写用笔时，笔画既如铁般的刚劲，又如银般的柔媚，多用来形容书法刚健柔美。这一成语来源于唐代欧阳询《用笔论》中所写到的：“徘徊俯仰，容与风流，刚则铁画，媚若银钩。”又如“此地无银三百两”是比喻本想要隐瞒、掩盖真相，但是却因为手法拙劣，反而彻底暴露的情形。

在中华文明史上，“银”携手“金”，逐渐赶超了金属元素家族的其他成员，获得了显著的优势地位，并吸引人们孜孜不倦地追求着。

（姜慧/文）

间色篇

间色幽花却耐看

【纯衣“纁”袡】

《说文解字 · 糸部》:“纁，浅绛也。从糸熏声。”“纁”是指比大红色稍浅的颜色。《楚辞 · 九章 · 思美人》:“指嶓冢之西隈兮，与纁黄以为期。”王逸注:“纁黄，盖黄昏时也。纁，一作曛。”清代孙诒让进一步指出:“《周髀算经》云:‘天青黑，地黄赤。’青黑即玄色，黄赤即纁色也。”可知，纁色应是指赤黄色。

《周礼 · 考工记 · 钟氏》:“三入为纁。”《尔雅 · 释器》:“一染谓之縓。再染谓之赪。三染谓之纁。”“縓”“赪”分别表示浅红色和红色。这是古代印染工艺中对浸染技术的记载。早在先秦时期，古人就已经掌握了通过控制浸染次数获得不同深浅的丝帛之红的方法。由此可知，此时古代印染工艺的红色色谱已经分得相对精细了。

在古文字中虽然未见“纁”字形体，但是，从汉语发展史上看，实际上早在西周时期的金文中就已经出现了表示纁色的相关用例。如西周晚期毛公鼎:“虎幎熏里。”“熏”字写作,应读为“纁”。这是出土文献中借用不从糸的“熏”字表示纁色的例证。这可以看作是较为早期的“纁”的用字。

在中国传统的服饰文化中包含着各式各样的服制,通过绚丽缤纷的服饰体现着不同朝代的审美观。不论是古代的冠衣服制,还是服装的纹样,都有一定的礼制规范。《礼记·礼器》:“礼有以文为贵者,天子龙衮,诸侯黼,大夫黻,士玄衣纁裳。”不同的封建等级阶层,所穿服饰的文饰也有明显差异。此外,古代服饰千差万别的芸芸用色,在彰显身份等级地位之分的同时,也能够在一定程度上反映出其蕴含的“天人合一”的传统思想。

特别值得一提的是,“玄衣纁裳”作为帝王冕服的通制,是体现传统服饰文化内涵的典型。东汉郑玄疏解《周礼·王之吉服》时道:“知玄衣纁裳者,《易·系辞》:‘黄帝尧舜垂衣裳,盖取诸乾坤。’乾为天,其色玄;坤为地,其色黄。但土无正位,托位于南方。火色赤,赤与黄合,即是纁色。”这体现出古代帝王服饰中的五行学说情结。古代的帝王通过着玄衣纁裳参加祭祀等活动,于表达对天地的崇拜之情间,彰显出君王的尊贵和威严。后来,随着时代的演进,虽然历代的帝王服饰有所改进,但是基本延续了这一传统的服饰礼仪。

皇帝冕服参考图(唐《历代帝王图》中晋武帝司马炎)

引自《中外服饰文化》,吴琳主编,清华大学出版社,2013年。

“纁”除了在古代帝王服饰中使用，在传统婚俗文化里也常常出现。我国自古是礼仪之邦，礼仪涉及的范围十分广泛。在古代传统婚俗文化中，也有不少的讲究。据相关文献记载，古代的婚礼程序依次包括纳彩、问名、纳吉、纳征、请期和初婚等六项礼法。其中，“纳征”也称作“纳币”“文定”等，指婚俗礼仪中的纳送聘礼，这是男家迎娶女方必经的礼节仪式。只有经历了这个环节，古代男女双方的婚姻关系才能由此确立。《仪礼·士昏礼》：“纳征，玄纁束帛、俪皮，如纳吉礼。”这一文献资料明确地规定了古代纳征时应遵循的礼制原则，即男方纳征所送的聘礼，应包含玄色和纁色的布帛和鹿皮等物品。随后，虽然各朝代对聘礼的礼制内容进行了些许的改进，但都是在周礼礼制的基础上演变而来的。如《晋书·礼志十一》：“太康八年，有司奏：婚礼纳征，大婚用玄纁束帛，加珪，马二驷。”到了晋武帝时期，纳征的聘礼也变得更加丰富多样、独具特色了。

引自《中华民俗老黄历》，任丙未编，气象出版社，2013年。

《仪礼 · 士昏礼》:"女次,纯衣纁袇,立于房中,南面……以纁缘其衣,象阴气上任也。凡妇人,不常施袇之衣,盛昏礼,为此服耳。"古代礼制对传统婚俗中将嫁之女的婚服也进行了相关的规定,即着纯衣纁袇礼服。"纯衣纁袇"指的是纁色衣缘的黑色礼服,是华夏婚服的源头。这种嫁衣的服制遵循了传统的玄纁制度,以天地高贵之色象征着对喜结连理的美好祝愿。在缘结同心之时,一袭纯衣纁袇,集庄重和喜庆于一身,在端庄中又不失窈窕美好。一直到文明开化的隋唐时期,雍容华贵的红色婚服才开始出现,并逐渐改变了传统婚服文化的面貌。

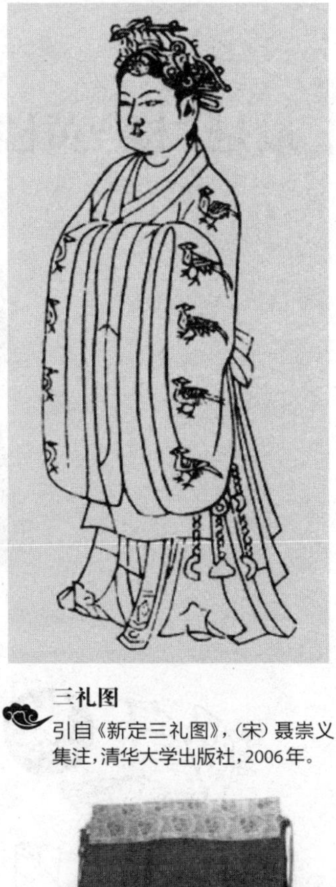

三礼图

引自《新定三礼图》,(宋)聂崇义集注,清华大学出版社,2006年。

到了现代汉语中,"纁"字作为一个颜色词的用法已经消失。但是,"纁"字原先所指称的颜色范畴并未消失,只不过改用更加直观化的表达来描述,如赤黄色、橙黄色等。

"纁"这一古代颜色词在汉语发展的过程中逐渐失落。它静静地等待着我们在服饰文化和礼仪文化之中钩沉,还原出它在华夏文明史上曾经的光鲜灿烂。

(姜慧/文)

清代女子婚服的红喜裙

引自《中国红:古代服饰》,沈周著,黄山书社,2012年。

【最是“橙”黄橘绿时】

橙

引自《汉语大词典》，《汉语大词典》编辑委员会编著，汉语大词典出版社，1998年。

橙色，能够给人一种明快、活泼和温暖的感觉。它介于红色和黄色之间，既不像红色那样华丽炙热，也不像黄色那样明艳闪耀，而是多了一份自然妩媚。从古至今，人们的生活中也不乏“橙”的身影。

“橙”字的本义是橙树，为橘属的果树名。古文字中未见“橙”字。《说文解字·木部》：“橘属。从木登声。”段玉裁注：“《南都赋》曰：‘穰橙邓橘。’《蜀都赋》刘注曰：‘蜀有给客橙。’”这里的

"橙"是指橙子。据历史文献资料显示，早在先秦时期就有了"橙"的相关记载。一直到汉代，橙树开始被大面积地普遍种植，并逐渐发展成为古时常见的果树。汉代时，地处河南湖北交界处的南阳郡穰县和邓县，分别以盛产橙子和橘子而闻名。后来，橙种植逐渐成为了古时能带来颇丰收入的产业。宋代苏轼《赠刘景文》："一年好景君须记，最是橙黄橘绿时。"这里的"橙"字专指橙树及其果实橙子。

需要说明的是，现在的汉语语音是古汉语语音发展演变的结果。虽然"橙"字现在的读音为chéng，但实际上其声母的读音经历了一个变化发展的过程。由于"古无舌上音"，即先秦两汉时期的声母系统中只有"端""透""定""泥"这类舌头音的声母，而没有舌头音和舌上音之别，即没有"知""彻""澄""娘"

七音	旧名	新名	全清	次清	全浊	次浊	全清	全浊
唇音	重唇	双唇	帮	滂	並	明		
	轻唇	唇齿	非	敷	奉	微		
舌音	舌头	舌尖中	端	透	定	泥		
	舌上	舌面前	知	彻	澄	娘		
齿音	齿头	舌尖前	精	清	从		心	邪
	正齿	舌面前	照	穿	床		审	禅
牙音		舌根	见	溪	群	疑		
喉音		零声母	影					
		舌根	晓		匣			
		半元				喻		
半舌音		舌尖边				来		
半齿音		面鼻擦				日		

中古三十六字母表

引自《古代汉语通论》，魏清源著，河南大学出版社，2013年。

这一组舌上音的声母。因此，上古时“橙”的读音应与声符“登”字相同，而不读chéng。一直到中古时期，舌上音才从舌头音声母，也就是今天的舌尖中音中分化出来，出现了chéng的音。因此，澄、凳、蹬、邓、证等同为从登得声的字形成了两条读音分支，一部分发展成为舌上音，另一部分则保留了舌头音。此外，这种古无舌上音的例证现在多保留在客家方言、闽方言和吴语中。

除了汉语语音外，很多颜色的名称也经历了一个自身发展演变的过程。在古人的色彩观念中，很早就已经有了混合颜色词的用法，如紫色、褐色等。实际上，虽然“橙”字已见于古代文献，但是它尚未表示黄里带红的“橙色”这一概念。古代的橙色这一概念一般是用赤黄色或丹黄色表示的，即早在上古时期，人们已经有了橙色的概念，只是名称叫法不同。丹黄色和赤黄色的细微差异在于颜色的深浅不同，这主要是由于所混合的红色的比例不同造成的。因此，橙色作为一种间色，自身带有很强的模糊性。

在《说文解字》中，“赤黄”一词共出现了三次，分别是对“鼬”“縓”和“䵍”的解说。其中，“鼬”的意思是“赤黄而大”的黄鼠狼。“縓”是指赤黄色的布帛。“䵍”是赤黄色。以上三者都具有“赤黄色”的颜色属性特征。同时，《诗经 · 鲁颂 · 駉》：“有骍有骐，以车伾伾。”这里的“骍”字也是赤黄色的意思。孔颖达疏：“骍为纯赤色，言赤黄者，谓赤而微黄，其色鲜明者也。”此外，还有一个“缇”字，指的是丹黄色的布帛，这是古时专门用来反映丝织品色彩的颜色词。那么，在古代，赤黄色和丹黄色两种颜色的区别是什么呢？赤黄色要深于丹黄色，类似于今天的橙红色和橙黄色。

唐代万楚在《五日观妓》诗中写道：“眉黛夺将萱草色，红裙妒杀石榴花。”这里的“萱草色”是指黄中带红的萱草花的颜色，即为今天的橙黄色。这句话可以理解为美妓的眉黛色比橙黄色的萱草花还要美丽，红色的裙子比火红色的石榴花还要鲜艳，形容美妓的姿容相当美艳。同时，古人常常以萱草表达怀念之情，还可

萱草

引自《中国气传花粉和植物彩色图谱》，乔秉善主编，中国协和医科大学出版社，2014年。

以象征母亲温情的牵挂。如汉代蔡琰《胡笳十八拍》："对萱草兮忧不忘，弹鸣琴兮情何伤。"后来"萱室""萱堂"等也可借指母亲的住所或母亲。

五代归义军节度使曹议金夫人像

引自《中国颜色》，黄仁达著，东方出版社，2013年。

古时的赤黄色和丹黄色或偏红，或偏黄，都类似于成熟后橙子的颜色，后来人们逐渐用"橙色"取代了以上两种颜色的雅名，并赋予了"橙"表示"橙色"的功能。随着对颜色认识的加深，我们发现很多古代的颜色词都是由实物喻色而产生的。这种以具体形象的实物命名颜色的传统，能够在一定程度上反映出古人以物喻色的造词心理和对事物的认知规律。同时，在古代由赤黄色、丹黄色到橙色这一名称的转变过程中，人们也能够更好地理解橙色的概念。今天的咖啡色、翡翠绿等颜色名称或许也是因袭了这一传统。值得注意的是，与古代正色具有各种伴随意义不同的是，橙色作为表示间色的颜色词，在从古至今的发展过程中较少有特殊的象征意义。

“老板消防队”救火的情形
引自《灾害性公共危机治理：基于体制、机制和法制的视界》，周晓丽著，社会科学文献出版社，2008年。

一直到现代汉语，橙色作为一种警示性的颜色进入了人们日常生活的视野。在现在的预警符号系统中，不同颜色所代表的含义不同，其传达出的事件危害程度、影响范围等也有所区别。由于橙色的波长仅次于红色，明亮度较高，具有很高的可识别性和醒目的视觉效果。因此，在社会事件应急预警的四个等级中，橙色代表重大事件的预警，仅次于红色所表示的特别重大事件的预警。相较于橙色预警，黄色预警次之，蓝色则是最低等级的预警。此外，人们还多将橙色用于警示符号、消防服和修路工人的服装等，这也是利用了橙色具有视觉警示性的特点。

最后，橙色也会使人联想到秋天那硕果累累、丰收富足的景象。在西方，橙色是万圣节的颜色。作为西方的传统节日，万圣节充斥着黑色和橙色：既表现了亡魂的神秘恐怖，也表达了祈求平安度过严冬的美好愿望。后来，南瓜灯、稻草人和玉米等秋天的元素和古灵精怪的装扮、夸张怪异的面具一起逐渐成为了万圣节的象征。这也让原本令人心生畏惧的节日变得趣味良多。

（姜慧/文）

〖碧盖“缃”葩映素秋〗

汉代乐府诗《陌上桑》:“缃绮为下裙，紫绮为上襦。”紫色的文彩短袄，配以一袭浅黄色的丝裙，诗人在极言服饰之美的同时，于自然之间突显出采桑少女罗敷的婀娜身姿。这里的“缃”是指浅黄色。缃色给人的感觉是温和、淡雅，而又浪漫，是常用于古代女子服饰的颜色。唐代刘希夷《相和歌辞·采桑》:“青丝娇落日，缃绮弄春风。”

“缃”，《说文解字新附·糸部》:“帛浅黄色也。从糸相声”。“缃”字的本义是浅黄色的布帛。《玉篇》:“缃，桑初生色。”刘熙在《释名·释采帛》中写道:“缃，桑也，如桑叶初生之色也。”这是训诂学中据颜色推源的典型例子，即把桑叶刚长出时的嫩黄色与“缃”字相类比，认为“缃”和“桑”是因颜色属性相似而造成的同源分化。换言之，刘熙是利用声音相近的“桑”字，并根据颜色的具体特征来解释“缃”字的。后来，“缃”字由具有颜色的帛名又引

元代　周朗《杜秋娘图》
引自《中国人物画博物馆(彩图版)》，全景博物馆丛书编委会编，2003年。

申为浅黄色，浅黄色逐渐成为了它的常用义。《急就篇》曰："郁金半见缃白𦪛。""缃花"是指浅黄色的花。相对于传世典籍文献，"缃"字也见于出土的汉晋遣册、衣物疏，亦用来表颜色。"缃缣"是指浅黄色的细绢。"缃"作为古人所钟爱的颜色，最早见于汉代。一直到清代，这一色感轻柔温馨的颜色才被现代的浅黄色所替代。值得注意的是，在这一更替过程中，古人用"缃"字表示浅黄色的称名方式既符合传统的思维特点，也符合人们的认知习惯。

在古人使用语言文字的过程中，"缃"字的语义功能也具有限制性，而不是随意进行语义搭配的。"缃"字表示浅黄色的意义来源于古代的布帛，所以古代文献中"缃"字的搭配对象多是倾向于古代布帛制成的名物词。例如"缃裙""缃帻"和"缃褥"等。又如《说文解字·马部》："骊，马深黑色。从马丽声。""骊"字的本义是深黑色的马，后来也可以引申为黑色，用以修饰其他动物的颜色特征。如"骊龙""骊牛"和"骊羊"等。可见，很多古代的颜色词也都受到它们所依附对象的制约，主要用以搭配所在同一类聚中的事物。古人在使用颜色词的过程中，最先是按照词义来源去修饰同类对象的，后来才向更广的范围进行延伸和扩展。

《天工开物》丹青卷插图

引自《成语与服饰文化》，冯盈之编著，东华大学出版社，2013年。

除了表示浅黄色的“缃”之外，很多古代生活中常用的传统颜色名称至今也已经很少用到。如表示赤色的“缙”、青赤色的“緅”和微黑色的“纔”等。值得注意的是，很多以“糸”为义符的字都和表示颜色的语义范畴相关。这种传统的颜色词相对集中的现象，主要是受到古代传统纺织印染工艺的影响。随着我国古代纺织技术和审美水平的提高，提色、印染等工艺变得日臻完善，由印染所产生的布帛的颜色也多种多样、异常鲜艳。这体现出古人已经具有了较高的色彩理念。所以，不论是古时的服饰还是丝织品，大都由原本的单一正色逐渐呈现出绚丽缤纷的颜色。或是浓淡相宜，或是相衬得体，美不胜收。

纵观中国的颜色发展史，很多依附在布帛上的古代颜色词逐渐退出了人们生活的舞台。这一颜色词的衰败背后有着复杂的原因。一方面是受到西方文化和传统服饰工艺变革的影响，名称繁多的丝绸锦缎等传统衣料已经逐渐被棉麻等替代，部分颜色词随即成为了极少见到的颜色。它们作为颜色的专名逐渐失去了社会实用性，也会顺其自然地消失。另一方面，随着语言社会功能的发展，很多颜色词因具有模糊性、文雅性的表述特点，在信息传递和人际互动过程中受到限制，逐渐丧失了细加区分的必要，并最终淡出了现代的交际领域。虽然部分传统的颜色词已经消失，但是实际上现代汉语中各种颜色词却大大丰富了。人们在继承部分颜色词的同时，对现代颜色的称名进行了新的发展，衍生出很多用

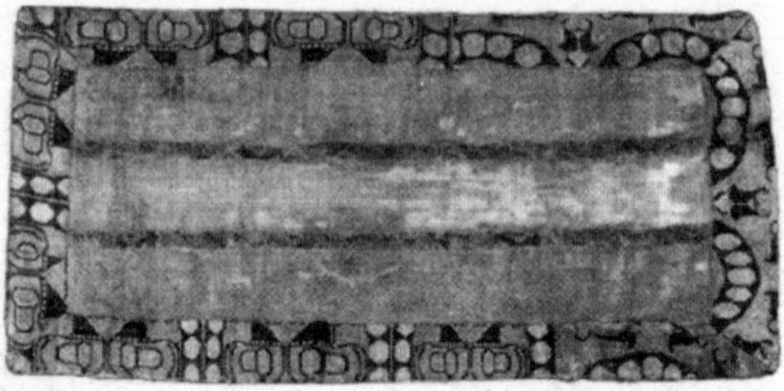

联珠对兽纹锦缘经帙

引自《敦煌丝绸》，赵丰、王乐著，甘肃教育出版社，2013年。

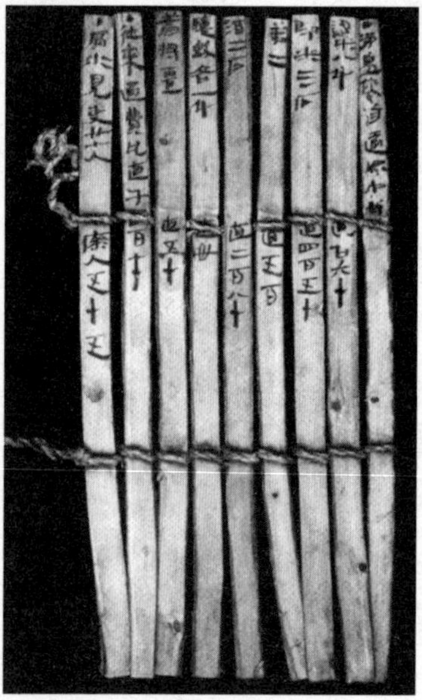

西汉　河西简牍

引自《中国汉字文物大系》（第十卷），刘志基主编，大象出版社，2014年。

具体形象的事物来直接指称的颜色词。如黄色可以细致分为鹅黄色、土黄色、蛋黄色、姜黄色和米黄色等不同深浅的颜色。

除了在传统服饰文化中表示颜色外，“缃”在古代书籍制度中也扮演着重要的角色，洋溢着浓重的文人书卷气。在古代文明发展的过程中，古人把最初记录古代文书的黄色竹简称为“缃简”。随后，书写的载体由传统的简牍几经变革，逐渐发展为纸张。自从纸本的书籍出现后，古人的收藏保护观念也逐渐强化，出现了能够装饰并保护书籍的书衣或书套，如“缃素”“缃帙”等。这些词都指古代用浅黄色的帛绢制成的书衣封套，后人常引申作书卷、书籍的雅称。如明代高启《临顿里》诗之八：“旧史堆缃素，新经录洞玄。”随着古代书衣的进一步发展，它们也改变了“黄面朝天”的传统，进一步提升了装饰性和美观性，形成了各种不俗的书衣样式。如唐宋时期收藏的敦煌经卷的华丽的锦缘经帙。最终，古代的书衣逐渐演变成为了套在藏书外面的书函，并一直沿用至今。

清代　任熊　万横香雪图

引自《宋词鉴赏大辞典（彩色版）》，刘石主编，中华书局，2011年。

北宋柳永《木兰花慢》："正艳杏烧林，缃桃绣野，芳景如屏。"清代纳兰性德《忆秦娥》："吹开吹谢东风倦，缃桃自惜红颜变。"这里的"缃桃"都是指缃核桃，也就是黄核的蜜桃。柳永诗中将杏花染红山林、缃桃盛开山野、万紫千红生机盎然的景象描绘得栩栩如生。纳兰性德则化用了唐代刘禹锡《玄都观桃花》中的典故，借东风中盛开的红色缃核桃花写出了春天的凄凉景象，表达了对岁月无常、世事变迁的感慨之情。可见，缃核桃是古诗词中表现春天的常见的一个意象。同时，吴承恩也在《西游记》中用"紫纹娇嫩寰中少，缃核清甜世莫双"一句来描绘香甜可口的仙桃。

虽然"缃"字在现代的颜色词典中逐渐消失，但是它将注定成为一抹"小清新"，出现在洗尽铅华的中华文化里。

（姜慧／文）

【“绿”：从丝帛色到自然环保色】

希望和毒药可以是一种颜色吗？这个问题在德国作者爱娃·海勒（Eva Heller）《色彩的性格》开篇就被提出来了，紧接着是三个问题：如果用颜色来形容，你觉得希望是什么颜色？毒药是什么颜色？哪种颜色更能起到镇定的效果？母语是中文的朋友，也可以来回答一下。或许，不少人的答案，都是“绿色”。

绿色能形容希望吗？《色彩的性格》中认为，这种感受似乎与人们对春天的体验有几分相似。正如万物萧瑟的冬天过后，春天是对匮乏时期的修复，通常所谓的希望在某种意义上也算从匮乏中解脱。爱娃·海勒用了一句德语里的谚语来回答：“日子越是荒芜，希望越加绿意盎然”。

毒物的颜色是绿色的？以日常生活经验而言，绿色的果实味道酸涩，没有成熟时，或许多少带有一些毒性（不宜食用）？在绘画中，鲜艳的绿色系矿物质颜料，如石绿、孔雀石、铜绿、沙绿等，都是有毒性的。有研究说，拿破仑真正的死因，就是因为在潮湿环境中吸入了从绿色壁纸上挥发出来的剧毒物“砷”，而这种毒物是调制绿色的重要原料。此外，在美国食品和药品管理局所批准的食用色素中，没有天然的绿色色素，只有极个别的绿色色素可以被用于部分医药制品中。

绿色可以镇定人的情绪？《色彩的性格》中说：“红色显得接近，蓝色看起来遥远，绿色位于中间。……红色积极，蓝色消极，绿色使人镇静，不疲乏。……绿色属于中性。”或许正是因为这样，绿色壁纸是卧室和客厅中最受欢迎的一种墙壁装饰纸。歌德认为，人们不可能也不愿意自己所处的空间过于宽大，因此对于那些需要长时间逗留的房间，人们选择绿色的壁纸。

古埃及人尚“绿”。古埃及神话里，掌管冥界，能使人死后复活，同时还是雨神和植物之神的，古埃及九大神明之一的奥西里斯（Osiris），他的肤色就是绿色的。此外，古埃及人用孔雀石磨制成绿色眼影，抹在眼睛四周，他们相信这样可以使活着和死去的人远离邪魔。

可见，绿色与春天、生长、生命、自然相关联。在古代中国，绿色所蕴含的这些象征意义，主要是由颜色字“青”来表达的。

较之汉字“青”，先秦时“绿”也已开始被用作颜色词。《诗经》三百零五篇，其中有四篇出现了“绿”，但意义并非都是指颜色。《卫风·淇奥》“瞻彼淇奥，绿竹猗猗”和《小雅·采绿》“终朝采绿，不盈一匊”，这两处的“绿”，指一种叫做王刍的野草，也叫菉草。清人朱骏声认为，这是“绿”假借为“菉”的用法。《邶风·绿衣》“绿兮衣兮，绿衣黄里”，《鲁颂·閟宫》“公车千乘，朱英绿縢”，这两处的“绿”，才是颜色词“绿”。此外，《楚辞》等先秦文献中，也有颜色词“绿”的出现。

甲骨文中已有汉字“绿”，其字形作，战国文字包山楚简中作，小篆

采绿

引自《草木有本心 诗经植物札记》，宁以安著，中国华侨出版社，2014年。

作。从构字理据上看，“绿”可谓古今变化不大。《说文解字 · 糸部》收“绿”字，释义为“帛青黄色也，从糸，彔声”。据统计，“糸部”表达颜色的汉字有48个，可见当时丝织染色技术的发展。

“帛青黄色”，绿是黄色和青色的混杂，因此是间色。唐代经学家孔颖达在注解“绿衣黄里”时说：“间色之绿，不当为衣”，在传统经学家看来，正色黄，却为里，绿为间色，反而为衣，颠倒了礼仪秩序。一般认为，绿与“红、碧、紫、骝黄”组成了五间色。其中，绿为东方间色，与“青”构成一对正间关系。青和绿的关系，可谓密切。

汉语里，除了一些固定搭配和强调以正色、间色别尊卑的场合，在表示绿色义的时候，青和绿，在搭配的事物范围方面，是有相似处的。

在古代诗词中，青可以形容春草，例如“春草寒复青”“春到长门春草青”，还可以用来形容树木的繁盛，如“蚕月桑叶青”“青叶白花相次发”“芳树垂绿叶”“绿叶发华滋”。再如，唐人许浑的“遥羡落帆逢旧友，绿蛾青鬓醉横塘”和韦庄的“娟娟双青娥，微微启玉齿”。这里的绿蛾与青娥，都指女子用青黛画的眉毛。此外，绿丝与青丝，都可以指柳丝，等等。

青和绿对举时，“青”往往更有古意，在固定搭配中也比较多见。“青”和

狱神皋陶

引自《图说日常守护神》，殷伟、程建强编著，清华大学出版社，2014年。

"绿"的关系如同"面"和"脸"，"面"比"脸"更"古"，"青"比"绿"亦更古。因而，传世文献中常有青面兽、青面鬼、青面圣者、青面獠牙等，而少见"青脸、绿面"一类的说法。此外，青和绿对举时，青还可以表示蓝色。如《汉书》中讲到百官绶色时，绿绶与青绶对举，青绶的青，则指蓝色。

对于青和绿的搭配情况，赵晓驰认为：以东汉为界，东汉以前的上古汉语中，除了人体之外，"青"在许多语义领域的搭配能力都较强。应利认为，诸如"绿发、翠鬓"一类表示黑发的词语，跟"青"表示蓝绿色到黑色一样，能够在一定程度上反映出远古色彩认知概念的残留。东汉以后隋代以前，"绿"出现了与动物搭配的情况，如绿蛇、绿兕等。此时的"绿"还增加了其他搭配的领域，例如出现了"绿地、绿水、绿波、绿云、绿泉"这一自然类的搭配。这一时期，"绿"的构词能力显著增强。一直到隋代以前，表示绿色的颜色词主要还是"青"。

日本汉学家清水茂在《说青》一文列举青和绿的区别时提出，青象征着常青的生命力，而绿，或许因为其本义是指青黄夹杂的意思，有变黄的可能，因而是可以指枯萎的。例如，汉诗中的“回风动地起，秋草萋已绿”；南朝梁简文帝萧纲的“萎绿映葭青，疏红分浪白”等。

清水茂先生认为，据五行说，春天自然用“青”，如张协《七命》的“阳叶春青，阴条秋绿”。“春青”和“秋绿”虽然常见，但也不乏“春绿”和“秋青”的情况。例如，“桃花初发红，芳草尚抽绿”句中是“春绿”，“树青草未落，蝉凉叶已危”句则是说的“秋青”，同时此处的“树青”与寒蝉时节，有明显的转折意味，而张衡《东京赋》的“修竹冬青”则更可见语义的转折。这表明“虽然是冬天，却生长得青色依然”，所以用“青”更显示其生气勃发之态。

此外，因为春天与“青”的联系非常密切，“青春”逐渐固化成词，“青”由指万物生发的春天，引申出富有生命力的人生阶段的意思，从而衍生出“青年”一词。

青云，从指高空，到转而比喻仕途地位的上升，衍生了诸如青云之志、青云直上、平步青云、青云之士等一类的用法。绿云，从杜牧《阿房宫赋》的“绿云扰扰”以绿云形容年轻女子的秀发，进而引申指代年轻女子。

马致远说道：“九重天，二十年，龙楼凤阁都曾见，绿水青山任自然。”为什么常见的搭配是青山，而不是“绿山”呢？从颜色的亮度来看，或许，远望青山，青的暗度一直加深就接近于黑色了，而颜色字“青”本身也可以表示黑色，因而，有青山、青峰等说法。颜色字“绿”虽然也可以表示黑色，但通常用于指头发之黑，或许因此才较少有“绿山”的说法。肖世孟在《先秦色彩研究》一文对为什么不说“绿山”进行探讨时提出，在搭配绿色植物方面，“青”是远望植物所得的色彩认知，而“绿”则是近看植物叶片所得到的色彩认知。例如“野无青草”可以形容灾荒时的原野之色。最为典型的用例是《楚辞 · 九歌》中的“秋兰兮青青，绿叶兮紫茎”。远望秋兰，是茂盛的青青之色，细致看来，秋兰是一种绿叶子紫色茎的植物。至于水，虽然“青水”这样的搭配比较少见，但可见“青波”这样的搭配。这或许是因为青是红色的互补色，同时，无色透明的水通常能反射掉略多一点的红色光，随着光色亮度的变化，人眼所能看到的水面的颜色大概就是从青到绿到蓝的一段了。

在自然环境下，最为常见的色彩搭配莫过于红花与绿叶。绿叶中的叶绿素是光合作用的重要色素，它吸收了大部分的红色光和紫色光，因此它反射到人眼里的多为绿色。相对地，虫媒植物多开红花的原因或许也是因为红与绿是互补色，这种颜色反差大的特点更有利于被发现，从而可以更便于完成授粉和播种。

在古代，先秦尚红黑。红黑两正色搭配的漆器，多用于祭祀，观之让人产生神秘和崇敬感。红与绿的搭配，则是一正一间，两色相撞，可以产生一种夺人眼目的反差美。

花叶的红绿配，在文人笔下，最别致的当属“绿肥红瘦”。暮春时节，一经风雨洗礼，春花难免多残败，故古代诗人常以“绿肥红瘦”的审美情感，表达惜花之情。如宋代李清照的名句“试问卷帘人，却道海棠依旧。知否？知否？应是绿肥红瘦”即是一例。此外，明代何吾驺的“闲逐东风看云懒，绿肥红瘦芳郊满”，清代吴藻的“春深夏浅，绿肥红瘦，枝上微闻杜宇”等。

除了“绿肥红瘦”，自然环境中的其他红绿配，也别有可观。例如：

池红早花落，水绿晚苔生。（南北朝·萧绎）

雨中草色绿堪染，水上桃花红欲然。（唐·王维）

流光容易把人抛，红了樱桃，绿了芭蕉。（宋·蒋捷）

满城花草斗欣荣，嫩绿夭红照眼明。（宋·王之道）

绿水出红蕖，清丽世无比。（明·丁鹤年）

在“绿”族词中，描写美酒的词不少，诸如：绿酒、绿醅、绿醑、绿蚁、绿醽、绿醪、绿酎、绿醽等。其中，尤以“红炉”搭“绿酒”所展现出来的世情冷暖，令人回味。例如：

绿醑香堪忆，红炉暖可亲。（唐·白居易《招客》）

绿蚁新醅酒，红泥小火炉。（白居易《问刘十九》）

安得玄冥正时令，红炉绿酒一开颜。（宋·陆游《初冬暄甚》）

南邻赏雪珠箔褰，红炉绿酒围婵娟。（宋·陈造《喜雪六首》）

红炉绿酒输邻舍，社鼓村灯梦故园。（清·张问陶《上元夜独坐偶成》）

在古代，有人质疑酒没有绿色的，他们认为绿酒应当是指酒液清澈。但宋人黄庭坚就描述了一种酒色为绿色的荔枝绿酒。黄庭坚的诗句如下：“王公权家荔支绿，廖致平家绿荔支。试倾一杯重碧色，快剥千颗轻红肌。”此外，宋人谢逸的“东斋况虚明，樽有荔枝绿”，清人孙元衡的“荔枝樽酒绿，相就一开颜”等也有相关的描述。李时珍《本草纲目》中也提到“红曰醍，绿曰醽，白曰醝”，如湘东的醽醁酒就是绿色的。

在描写世情生活的“绿”族词中，除以“绿女红男”描写青年男女之外，还有以“红楼”配“绿窗”的意象来表达贫穷与富贵之别。如白居易的《秦中吟·议婚》：“红楼富家女……娇痴二八初。绿窗贫家女，寂莫二十余。”

在人类历史发展进程中，当颜色有特定的贵贱之分时，往往体现了当时社会的一个发展阶段。当中世纪的欧洲只有贵族和富人才用得起法国人从中国带回的天然绿色染料时，人们对于颜色的审美也因此受到影响。例如，在文艺复兴时期，只有贵族或者是红衣主教阶层才有资格穿红色，而新兴的城市资本家们则用昂贵的绿色衣服来彰显财富。这一现象反映到绘画中，则如达·芬奇

《阿诺芬尼夫妇像》
引自《西方油画名作100讲》,刘淳著,百花文艺出版社,2007年。

的《蒙娜丽莎的微笑》和扬 · 凡 · 艾克的《阿诺芬尼夫妇像》。他们画作中的城市有产阶级女性都穿着华丽的绿色裙子,足见雍容华贵。

在英文中,green与环保有关。它起源于1971年成立的the Greenpeace Organization。随着人们对环境和生态问题的重视,汉语中不仅出现了对译的词语“世界绿色和平组织”,消费市场还出现了一些关注生态健康、顺应环保理念的词语,如绿色食品、绿色冰箱、绿色建材等。

(廖宏艳/文)

【"蓝"：从染色到性别】

汉字"蓝"在包山楚简中写作，在传抄古文字汗简中写作。蓝的小篆字形作。《说文解字》说："蓝，染青艸（草）也，从艸，监声。"蓝是形声字，本义是指一种可以染色的植物。

"蓝"，在唐代以前的文献里，几乎都是以植物名存在的。在我国现存较早的物候气象历书——《夏小正》中，就已经记载了先民们种蓝的历史："五月启灌蓝蓼。"先秦文献中的相关记载还有《诗经·采绿》中"终朝采蓝，不盈一襜"，《荀子·劝学》中"青，取之于蓝，而青于蓝"。可见，蓝在上古时期已经是重要的染色作物，可以染出五正色之一的"青"。南宋史学家郑樵在《通志》中也有相关记载："蓝有三种：蓼蓝如蓼，染绿；大蓝如芥，染碧；槐蓝如槐，染青。三蓝皆可作淀，色成胜母，故曰：'青出于蓝而青于蓝。'"

在汉语基本颜色词系统里，"蓝"的颜色义产生得比较晚。以《说文·糸部》为例，红、绿、紫、绛、绀、缇、缁等字，都是周秦时期出现的表示丝帛颜色的专名，“绿、紫、红”等逐渐获得了泛指颜色的意义。其中，紫色是由“紫”草制取的，相类的，蓝色（青色）是由“蓝”草制取的，但表示实物的“蓝”并没有像“紫”一样比较早地成为颜色字。

这一现象不仅仅是汉语所独有的。据姚小平先生的《基本颜色词理论述评——兼论汉语基本颜色词的演变史》一文所述，桑普森（Sampson）在《语言学诸流派》对柏林和凯（Berlin and Kay）基本颜色词理论的评述中提到了各语言中蓝色名称较晚出现的原因，即在任何原始文化环境中，除了天空和海洋之外很少再有蓝色的事物。因此，他们认为当时的人们没有称名蓝色的需要。姚先生则进一步提出，除了普遍的文化特征之外，汉字“蓝”也有其特殊的语言发展背景：“这恐怕跟当时语言中已经有‘青’‘碧’‘缥’等兼指蓝色的颜色词，因此并不急需一个专门的蓝色名称有关。”

在唐代以前，形容天空之蓝常用的是“青”。例如：《庄子·逍遥游》“背负青天而莫之夭阏者”，《列子》“上窥青天，下潜黄泉”，《古乐府》“青天含翠彩”，阮籍《咏怀诗》“一飞冲青天，旷世不再鸣”等等。

与此相对地，古人形容海洋之蓝，常用的是“碧”。例如：南朝梁萧绎《金楼子》“秦王遣徐福求桑葚于碧海之中”，《高士传》“碧海浮桴，青州逃世”，《洞冥记》“山临碧海上”，南北朝及隋代的诗歌中有“寄音青鸟翼，谢尔碧海流”“直趣珠星北，斜开碧海东”“金辉碧海桃，玉笈紫书方”“还似扶桑碧海上，谁肯空歌采莲唱”“还似金堤溢，翻如碧海流”等等。

德国眼科专家马格努斯（H.Magnus）在《关于原始民族的色觉的调查》中提到，光谱上相邻的颜色，其语言表达也经常相混，而最容易混淆的是绿与蓝。也许正因为二者的颜色相近，容易混淆，所以在语言使用中也不需要特意区分。这或许可以解释为什么古汉语中既能表达绿色义又能表达蓝色义的颜色词“青”会比绿和蓝搭配更为灵活。

《毛诗正义》说:“蓝，可以染青。”古代常用的植物染料“蓝”含有蓝色素，所染出来的颜色深浅不同，在唐以前多用“青”来形容。例如:《诗经·子衿》“青青子衿，悠悠我心”，汉代郑玄《毛诗注疏》解释为“青衿，青领也”，《礼记·月令》“载青旗，衣青衣”，《淮南子》“天子衣青衣”，《独断》“上但以青缣为盖，羽毛无后户”等等。

学界一般认为蓝，表蓝色义，汉代时偶见。这一用法的较早的书证出自东汉贾逵《春秋左氏传解诂》：“夏鳸窃玄，趣民耘苗者也；秋鳸窃蓝，趣民收敛者也；冬鳸窃黄，趣民盖藏者也；棘鳸窃丹，为果驱鸟者也。”“窃蓝”，即浅蓝。此外，还有联合式颜色词“朱蓝”，较早出现于东晋《后汉纪》:“故欲以素丝之质，附近朱蓝耳。”南北朝时也有一些用例，例如《南齐书》“朱蓝共妍”，《周书》“朱蓝易染”，《文心雕龙》“正采耀乎朱蓝”等。

唐代以后，“蓝”表蓝色的用法才逐渐变得多见。在形容天空的颜色方面，产生了“蔚蓝天、郁蓝天”等词语。例如：杜甫诗“上有蔚蓝天”，朱熹诗“白龙飞下郁蓝天”，王夫之词“斜收返照蔚蓝天”，王世贞“蔚蓝天起鱼鳞皱”等。

在古代印染文化方面，形容丝织品之蓝，也产生了“蓝袍、蓝衫、蓝衣、蓝绶”等搭配。“蓝袍”如齐己诗“君心犹待脱蓝袍”，李中诗“蓝袍竹简佐琴堂”，王禹偁诗“寒色满蓝袍”，《清史稿》“百日外珠顶冠、蓝袍、金龙褂”。“蓝衫”如《李商隐文》“蓝衫不脱，竹简仍持”，韦应物诗“长怀旧卷映蓝衫”，白居易诗“蓝衫经雨故”，《东观奏记》“蓝衫赴任”，《明史》“赐监生蓝衫、绦各一”。“蓝衣”如陈渊诗“蓝衣照春色”，周密诗“蓝衣槐笏色方新”，《明史纪事本末》“上批御蓝衣”《扬州十日记》“为我索此蓝衣者”。“蓝绶”如齐己诗“蓝绶乍称新学士”，李昉诗“假拖蓝绶至终身”等。在说“青”字的时候，我们已经提到，唐宋时，八九品的文官官服为青色，蓝、绿色多象征了官位的低

浙南清代蓝夹缬
引自《中国蓝夹缬》，张琴著，学苑出版社，2006年。

微，“蓝袍、蓝衫、蓝衣、蓝绶”也多用来指小官吏。

唐宋以降，“蓝”的搭配范围逐渐扩大，基本颜色词的特征日益明显。古代诗词中的颜色词对举可见一斑。如：“麦陇披蓝远，榕庄拔翠雄”，蓝与翠对举；“汉阙青门远，高山蓝水流”，蓝与青对举；“云归别岫山呈碧，江抱寒汀水染蓝”，蓝与碧对举等。蓝，还可以用来形容远山、流水、江水等。例如：

日出江花红胜火，春来江水绿如蓝。（唐·白居易）

蓝水警尘梦，夜吟开草堂。（唐·张乔）

望入山腰古寺晨，坐深蓝尾一家春。（明·程嘉燧）

在唐传奇及后世的小说戏曲中，汉字“蓝”的文学意象多有演绎，如“蓝桥”一语。蓝桥，本来是指陕西省蓝田县东南蓝溪之上的一座桥。唐人裴铏

《传奇·裴航》中说："一饮琼浆百感生，玄霜捣尽见云英。蓝桥便是神仙窟，何必崎岖上玉清。"裴航和仙女云英的定情地点就是蓝桥，因此，后世常用"蓝桥"来指男女约会的地方。例如明代戏曲《软蓝桥》，"软蓝桥"就是指男女私会的软梯。此外，汉语中"桥"本身也有连接男女情意的象征意义，如牛郎织女的鹊桥相会，许仙白娘子的断桥相会等，都是人们所熟知的。

顾颉刚先生说，他曾在北京的大鼓书场听过京韵大鼓《蓝桥会》，故事与唐传奇《裴航》已有不同：主人公变成了抱柱而死的韦燕春，为尾生故事的演化。尾生抱柱的痴情和守信，裴航和云英的蓝桥相遇，这两个故事中的"蓝桥"寄托了人们对自由恋爱和忠贞情感的期许。此类浪漫主义情怀，在诗词中也多有描述。例如：

蓝桥疑仙会，红叶开良缘。（宋·胡次焱）
琼断蓝桥浆，红流御沟叶。（明·王逢）
情似蓝桥桥下水，年来流恨几时乾。（唐·唐彦谦）
蓝桥不用鸳鸯语，只合壶中贮玉浆。（宋·王洋）
可惜断云无定准。不能为寄蓝桥信。（宋·仲殊）
上客欢娱得惊坐，佳人歌笑敌蓝桥。（宋·刘攽）
望极蓝桥，彩云飞、罗扇歌断。（宋·吴文英）
蓝桥有路终思到，青鸟无情未易招。（明·邓云霄）
马上郎君双箭飞，佳期不负蓝桥约。（明·郭钰）
知是蓝桥是鹊桥，一双解下佩琼瑶。（清·孙原湘）

在上述诗词中，蓝桥往往与红叶、青鸟、鸳鸯、鹊桥、佳人、佳期等传统文学中象征婚恋的词语同现，而"寄蓝桥信"和"望极蓝桥"中的"蓝桥"也随之成了相思的象征。

尾生抱柱
引自《中国典故故事5》，上海人民美术出版社，2002年。

正因为“蓝桥”在中国传统文学中有这些美好的情感寄寓，因此，当1940年由费雯丽主演的美国黑白影片被译介到中国来时，这部原本叫做 *Waterloo Bridge* 的电影，并没有直译成滑铁卢桥，而采用了意译片名《魂断蓝桥》。作为电影史上凄美爱情片的翘楚，“魂断蓝桥”这一译名与影片内容可谓相得益彰。

作为颜色词的“蓝”，并没有像“红”替代“赤”那样直接取代“青”表蓝颜色的这个义项，反而受到“青”的制约。这表现在一些常用“青”来表达蓝颜色的古语词和四字语中，例如青天白日、青云直上、炉火纯青、青灯古佛、青衫司马等。

不过，随着世界文化的相互影响，现代汉语里的“蓝”吸收了不少来自英文bluc的一些用法。政治方面的如“蓝皮书”，和白皮书、红皮书相类，用来代称官方文书。蓝皮书，直译自Blue Book，原指英国国会公布的各种文件，因为封面常用蓝色而得名。

“蓝”在我们生活中的社会、经济、文化方面被使用得比较多。如蓝筹(blue chip)、蓝海/蓝海战略(Blue Ocean Strategy)、蓝图(blue print)、蓝领(Blue-collar worker)、蓝调(the blue)等，不一而足。

翻译家乔志高在《美语新诠》中提到，美国人家在新生儿诞生后，生女儿的一切用具和礼物都以粉红色为主，生儿子的则以蓝色为主。随着商品市场的全球化，这一消费观念也逐渐影响到美国以外的国家。在韩国摄影师 Jeong Mee Yoon的作品中，他拍摄了男孩、女孩，记录了他们分别被蓝色、粉色物品包围的场景。当在互联网搜索页面上分别检索baby girl shower和baby boy shower时，也能发现这一现象。baby shower，性质类似于中国的“满月酒”，不过一般在预产期前几个月举办。可见商家为男、女婴孩人为地划定了颜色的区别。

在颜色发展历史上，粉红色并非一直是女性的专属，蓝色也并不是一直男性的专属。在宗教画中，圣母的蓝色袍子形象，象征了纯洁、忠诚。而粉红色，因为与红色相近，因而也带有表示勇气象征意义。下图即是1840年美国某所学校的绘画作品，画的是一个穿粉红色衣服的男孩形象。

或许是受到近年来英文中blue与男性新关联的影响，中国互联网文化中也产生了“蓝颜、蓝颜知己”的用法。它们在形式上恰又与汉语中已有的“红

穿粉色衣服的小男孩

引自young boy in pink, anonymous from American school of painting circa, 1840。

颜”及“红颜知己”形成对比。但红蓝之于男女，却是相对现代的用法，成语中更常用的是红男绿女或绿女红男。“蓝颜”一词的流行，反映了当下男女交往中出现的一种趋势。随着社会的发展，女性受教育程度的提高，如果说传统文人笔下的“红颜”女性形象寄托的是男性对于女性的一种想象，那么今天被女性讨论的“蓝颜”话题，或许也体现了一部分女性对男性精神世界默契度的要求，甚至在某种程度上，“蓝颜知己”是对男尊女卑传统思想的“背叛”。

从性别平权角度来看，用单一的颜色来区隔男女，反而有悖于平权的初衷。知己无论红、蓝，是否是真正的知己才最重要。

（廖宏艳/文）

【揉蓝为“靛”】

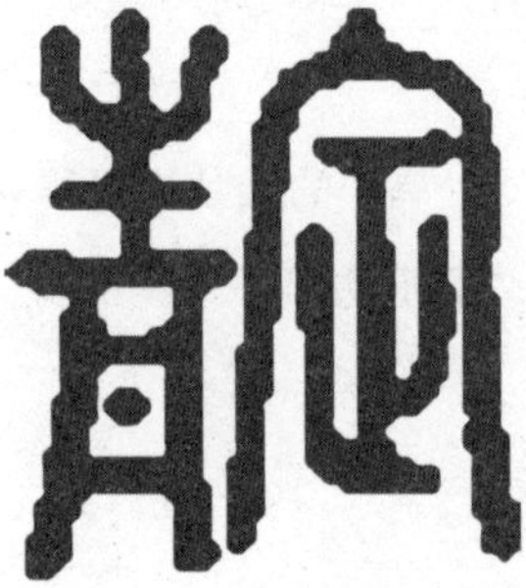

爱娃·海勒（Eva Heller）在《色彩的性格》一书中说：“蓝色不是天然材料的颜色，但几乎每种材料都可以染成蓝色。”以棉花、蚕丝、羊毛、亚麻等纺织材料为例，无论古今中外，都有将其染成深蓝色的历史，这种深蓝色的染料，在汉语中称为“靛”。

汉字“靛”是一个形声字，声符为“定”，形符为“青”。甲骨文、金文、篆文中，未见该字。古代传世文献中可看到的“靛”字，较早的记载出自宋代韵书《集韵》：“靛，以蓝染也。”

靛，是由蓝草制成的染料。蓝草的栽培历史悠久，在不同的时期和地区，有不同的命名。种植于热带地区印度的蓝草，在英文中称之为“Indigofera tinctoria”（木蓝），木蓝与槐树有相似之处，所以又称槐蓝，木蓝叶子所含有的染料成分远高于一般的蓝草，可以提取明亮的蓝色染料。而处于温带地区的欧洲，种植的则是“Lsatis tinctoria”(菘蓝)，菘蓝制成的染料在英文中称为Woad。东亚国家中，日本则是以种植蓼蓝(Polygonum tinctorium)为主。我国气候条件多样，据张海超统计，在《本草纲目》《天工开物》《物理小识》中，主要有四种，如下表所示：

古籍与现代植物学名称对照	蓼　蓝	板　蓝	菘　蓝	木　蓝
《本草纲目》	蓼　蓝	没有记载	马蓝／大叶冬青／菘蓝	木　蓝
《天工开物》	蓼蓝／苋蓝	茶蓝／菘蓝	马　蓝	没有记载
《物理小识》	蓼　靛	山靛／大青	大叶蓝	槐　靛

值得注意的是，《本草纲目》和《天工开物》中的“马蓝”均指的是现代植物学意义上的菘蓝，而《天工开物》中的“菘蓝”则指的是现代植物学意义上的板蓝。

虽然汉字“靛”在文献中的记载不早于宋代，但早在先秦时期，《诗经》中就出现了“青衿”“赤芾”“玄衮”等彩色服饰。可见，染色技术已经产生。《周礼·天官·染人》提到了专职官员“染人”“掌染丝帛”之事——“春暴练，夏纁玄，秋染夏，冬献功”。这句话概括了先秦时期染色工艺的流程：春天煮熟素练后暴晒，夏天染纁色和玄色，秋天五色皆可染，冬天则进献染制好的丝帛。

《说文解字注》释“染”：裴光远认为，“染”字从木，早期的染料多从植物中提取，如染青色的蓝草、染红色的茜草等；从水，指从植物染料中揉搓出染汁；从数字“九”，则形容为了使织物染上颜色，需要多次浸染，从而染出深浅各异的颜色。因此，《周礼·考工记》说：“一入为縓，再入为赪，三入为纁，朱则四入，五入为緅，玄则六入，七入为缁。”

在诸多植物染料中，蓝草因为分布较广，工艺也产生得相对早。《荀子》

蓼蓝

引自《中国科学技术史·化学卷》，赵匡华、周嘉华著，科学出版社，1998年。

中所说的“青取之于蓝”是如何取得的呢？据《礼记·月令》和《夏小正》的记载可知，“五月，启灌蓼蓝”，即农历五月间是蓼蓝需要分栽的时节，这个时候，不可以“刈蓝以染”，等到六七月蓼蓝成熟时，才可以用蓝草染色。

最初是用“揉蓝”的方式来染色，主要有两种方法：一种方法是将织物与蓝草叶一起揉搓，汁液浸透织物，使织物染色。另一种是将蓝草叶浸入水中使其发酵后，织物浸入其中，通过晾晒氧化后染色。这两种方法都通过添加草木灰来辅助染色。

“揉蓝”这种染液发酵法受制于季节和时间，且不能储存，因而难以满足社会需求。随着时代的发展和工艺的成熟，染匠们逐渐摸索出还原染色法。这种方法是将发酵过的染液，用石灰使其氧化，溶液中的靛白就变成了不溶于水的靛蓝。这种形式的靛蓝可以贮藏，只要在染色时，加入碱性溶液石灰水，靛蓝又能还原成溶于水的靛白，将织物浸入溶液上色，经空气氧化后便染上了蓝色。

其实，还原染色法较早在北魏贾思勰《齐民要术·种蓝》中即有记载：“刈蓝倒竖于坑中，下水，以木石镇压，令没。……率十石瓮，著石灰一石五升……澄清，泻去水，别作小坑，贮蓝澱（淀）著坑中；候如强粥，还出瓮中盛之，蓝澱（淀）成矣。”另外，明代宋应星《天工开物》中也记载了制靛的方法。与《齐民要术》相比，这种方法不仅在操作时间上更久、石灰用量更多，而且在还原靛白为靛蓝的过程中，“凡蓝入缸，必用稻灰水先和”，也就是说，添加弱碱性的稻灰水，不仅可以使靛白避免过早氧化成靛蓝而失去染色性能，也能适用于丝绸染色，并且改善织物的手感。此外，碱性过强，也会影响织物的

广西那坡县使用蓼蓝制作靛蓝

引自《中国现代民间手工蜡染工艺文化研究》，贾京生著，清华大学出版社，2013年。

成色。加上稻草烧灰成本比石灰高，因此民间一般仍用石灰，并用酒糟来调节酸碱度。

北魏时期的文献中还没有汉字“靛”，《齐民要术》中将蓝靛写作“蓝澱（淀）”。到了明代，《天工开物·蓝淀》中将蓝靛写作“蓝淀”，制靛写作“造淀”。同时，文献还记载了由蓝草浸沤搅起的浮沫掠出阴干可制成“靛花”，靛花是中药名，也叫青黛。这一时期，淀和靛并用。

在汉语使用过程中，澱、淀、靛三个汉字之间的关系是怎样的呢？澱的本义指淤泥、沉积的泥滓。《说文解字》：“澱，滓滋也。从水，殿声。”蓝澱的形态与淤泥、泥滓相似，“澱”在此处属于词义引申的用法。淀的本义是浅水湖泊，如左思《魏都赋》中的“掘鲤之淀”，颜之推《颜氏家训》中的“向幽州淀中捕鱼”等。李乐毅说：“由于这两个字（澱、淀）同音，所以早就互通了，这叫做‘古通用字’。”因此，蓝澱和蓝淀，音义皆同。“靛”是后起分化字，因为词义与颜色相关，所以分化出从青的专字“靛”来专门记录。

元明以来的文献中，蓝靛、靛青、青靛、靛蓝中的“靛”逐渐替代了淀（澱）。这或许是因为我国的棉花种植从元代开始普及，棉纺技术得到很大的发展，棉布织物的大量产生，这在一定程度上影响并改变了染料工艺的发展趋势。因为棉织品对染料的消耗远甚于丝织品，相较之于其他植物染料，用种类较多、适应性较强的蓝草来制靛，可以降低染色的成本，故蓝靛成为当时最有市场的天然染料。基于这样的社会经济背景，深蓝色染料义的汉字“靛”在使用率上大大提升。

汉字淀（澱）、靛，在颜色义的发展轨迹上是相似的：由指深蓝色染料衍生出指深蓝色，从而产生颜色义。表颜色的“靛”，应该不早于元明，例如：

> 秋光满座阴长合，靛色清神暑自空。（元·金灏）
>
> 谁家儿女蜀锦裆，柔发初剃靛色光。（明·倪谦）
>
> 发红脸靛势如熊。（明《封神演义》）
>
> 为首的靛颜朱须……（清《海国春秋》）
>
> 惟东北系靛边白华，西北系朱边白华。（清《海国春秋》）
>
> 猪首人身，靛脸朱发，乌爪兽牙。（清《清夜钟》）

1704年，牛顿将可见光中的蓝紫色光命名为indigo，indigo也成为彩虹的七种颜色之一，在中文里，我们将其翻译成“红橙黄绿蓝靛紫”的“靛”。可见光中，靛光的波长比较短，介于蓝光和紫色光之间，人眼对于靛光的敏感度并不高。如美国著名科幻作家阿西莫夫就表示自己辨别不出靛色。有人认为，牛顿之所以会在光谱和彩虹的颜色中标示出“靛”（indigo），与indigo（靛蓝）这种来自印度的优质染料在当时英国社会备受青睐有关。较之欧洲的菘蓝，印度种植的木蓝拥有非常高的靛蓝素，由此制成的染料靛蓝（indigo）颜色亮泽、夺人眼目，可谓当时的染料之王。

于非闇认为“花青”是中国画颜色里最重要的色彩。“花青”又叫靛花、靛青，可由“蓝靛”提炼出来。王概《芥子园画传》：“此色用处最多，颜色最妙。”沈宗骞《芥舟学画编》:“花青即靛青……其色青翠灵活,画家之要色也。”国画里,花青常用来为叶片上色,也用于风景画的远山和天色。在明清以来的文献中,我们也能找到一些用例。

人手里拿着把扇子,上头还用淡花青烘出一个月亮来。(《二十年目睹之怪现状》)

若秋山着色……盖秋容缟素,用色宜淡不宜重,于山头峰顶突兀处,则用花青淡汁覆之以润赭色,使不枯涩。(《画学心法问答》)

微以花青罩地,作夜色。(《咫尺偶闻》)

远近布置,上面画一个月,用花青水烘他几片彩云烟雾。(《品花宝鉴》)

(廖宏艳/文)

【“碧”为玉石之美】

在古代汉语“青”类颜色字里，古人创造了几种不同的“青色”：“青”字从丹，为矿物之色。“绿”字从糸，乃丝帛之色。“蓝”字从艹，是植物之色。那么，作为颜色字的“碧”，从字形上来看则或指玉石之色。

汉字“碧”，见于小篆，字形作。在《集篆古文韵海》所收的传抄古文字中，“碧”字写作。从古至今，“碧”的构字理据变化不大。《说文解字·玉部》：“碧，石之青美者，从王、石，白声。”有学者认为，“石之青美者”，“青”或为衍字。“碧”字从王，王即玉，可见“碧”本义为玉。

玉的产生，在我国可以追溯到新石器时代距今约8 000年的兴隆洼文化时期。内蒙古敖汉旗兴隆洼文化遗址所发现的玉玦，是境内目前所知年代最早的玉器。从兴隆洼文化遗址出土玉器的功能来看，玦、匕、管、环类玉器属于装饰品，彰显的是墓葬主人的身份和地位，而斧、凿类玉器形似于农业生

兴隆洼遗址墓葬中的一对玉玦

引自《玉器起源探索——兴隆洼文化玉器研究及图录》，杨虎、刘国祥、邓聪著，香港中文大学出版社，2007年。

产类石质工具，其功能在于祭祀及宗教礼仪等。由兴隆洼文化至红山文化晚期，出土玉器的数量达到一个顶峰，原始初民为何“以玉为礼”，乃至“唯玉为葬”呢？及至先秦时期，据《春秋左传》敬神祭祀所用也是“牺牲玉帛”，崇礼尚玉的习俗是如何形成的呢？

关于玉文化的起源，张忠培先生将玉文化分为四个时期：以玉比美、神王之玉、以玉载礼和以玉比德。叶舒宪先生则认为，以兴隆洼文化时期出土玉器的性质用途来看，我国的玉文化应起源于“神话观”，而不是“比美”。

叶舒宪先生认为，神话式的感知和思维方式是石器时代人们最普遍的精神状态，在神话思维中，色彩具有强烈的象征性意蕴。数万年前的山顶洞人已懂得在死者的送葬仪式上使用红色的铁矿粉，自然物体的颜色被初民赋予某种象征性意义，应该是石器时代的认识通则。经考古专家鉴定，兴隆洼文化玉器所用的玉料主要为辽宁岫岩的闪石玉，颜色有淡绿色、青绿、黄绿、深绿、乳白或浅白色、黄蜡色等多种。基于新石器时代玉器的色调以青绿为主，玉色与天色相近，因而先民们将天宇联想为玉质，玉器饰物因此具有通神、通灵和辟邪、护佑等象征意义。

从颜色的象征意义出发，邓聪先生将中国玉器的发展分为了三个阶段：从兴隆洼文化至青铜器时代，以闪石玉岫岩为代表，玉器的黄绿色调与植物宇宙观相关；从西周至清朝乾隆时期，以和田玉为代表，和田白玉象征了儒家所追求的君子之德；从清雍正至今，以辉石玉缅甸翡翠为代表，滥觞于内廷视翡翠为珍玩的审美。与邓聪将玉器的黄绿色与植物相关联不同的是，叶舒宪强调，玉色所对应的联想应为仰观所见的天空。此外，这三个阶段，也囊括了我国三种主要的玉料：岫岩玉、和田玉和翡翠。

从原始初民社会到漫长的封建社会，以玉象征礼制与德行，是比较显见的，由文献记载中"玉"与"君子"的关系可见一斑。

《诗经·小戎》"言念君子，温其如玉"，以玉喻君子。《礼记·聘义》中，孔子回答为何"君子贵玉"时说："夫昔者君子比德于玉焉。温润而泽，仁也；缜密以栗，知也；廉而不刿，义也；垂之如坠，礼也；叩之其声清越以长，其终诎然，乐也；瑕不掩瑜、瑜不掩瑕，忠也；孚尹旁达，信也；气如白虹，天也；精神见于山川，地也；圭璋特达，德也。天下莫不贵者，道也。"玉的品性类于君子所追求的品德。《礼记·玉藻》中则提出"古之君子必佩玉""君子无故玉不去身"。《礼记·玉藻》对佩玉的颜色与身份地位也有一定的规制："天子佩白玉……公侯佩山玄玉……大夫佩水苍玉……"可见，先秦时期，玉色已可以显示天子、公侯与大夫的身份之别。

因为"玉"寄托了人们对美好品德的象征意义，因此从"玉"的碧，在古代典籍里也常用来形容君子之德。

鹿形玉佩

引自《80件最有意思的中国玉器》，于卓思主编，文物出版社，2014年。

一个与"碧"相关的、富有浪漫主义色彩的成语，出自《庄子·外物》篇："人主莫不欲其臣之忠……苌弘死于蜀，藏其血，三年化而为碧。"人之血"可以"化为玉，可见《庄子》对忠臣苌弘的褒扬。翻阅典籍中"苌弘"留下来的三个形象，我们可窥见"何为君子"。据《左传》和《国语》的记载，苌弘是周景王、敬王的大臣刘文公所属大夫。在晋国内乱中，苌弘忠于刘文公，帮助了刘氏的姻亲，而得罪了晋卿赵鞅。后来，赵鞅声讨苌弘，苌弘因此丧命。在《史记》和《汉书》中，周朝衰微，苌弘“明鬼神事”，借鬼神之名促诸侯国忠于周王室，当时诸侯国中实力最为强大的晋国，借机杀害了忠于周灵王的苌弘。而在《韩非子》《说苑》中，苌弘为刘叔向的离间计所害，“信而见疑，忠而被谤”，“苌弘”成了屈死者的象征。

“苌弘化碧”这个成语，还衍生出一个词：碧血。宋人赵公豫在《亚夫墓》一诗中用“鸿门不用业成灰，碧血孤忠蓄夜台”来形容西汉名将周亚夫，而元人郑元祐的“孤忠既足明丹心，三年犹须化碧血”，“孤忠”和“碧血”在这两首诗中同现，可见，碧血是指忠臣烈士的牺牲。“碧血”也常常与“丹心”连用，如：

丹心浑未化，碧血已先成。（宋·谢翱）

生誓丹心宁负义，死凭碧血与传神。（明·尹台）

万古未应销碧血，千秋犹自想丹心。（明·卢应徵）

碧血流燕市，丹心结塞云。（清·屈大均）

单用的“碧”可以指玉，“碧玉”凝固成词后，可以表示矿石、玉石。如《山海经》“其上有碧玉，其阳有金”，南北朝江淹《谣》“碧玉作碗银为盘，一刻一镂化双鸾”，宋欧阳修《归田录》中记载了呼为“碧玉”的玉罂；可以指人，如南北朝顾野王的“长歌挑碧玉，罢尘笑洛妃”，庾信的“直将刘碧玉，来过阴丽华”，《乐府诗集》中的“碧玉小家女，不敢攀贵德”等；可以指乐曲名，即碧玉调；此外，碧玉还可以形容自然景物。例如：

“嫩草方抽碧玉茵，媚柳轻窣黄金缕”，形容草色青翠如碧玉；

“仲宣无限思乡泪，漳水东流碧玉波”，形容水色深绿如碧玉；

“潇洒碧玉枝，清风追晋贤”，形容绿竹青青如碧玉；

“对面碧玉峰，去天不盈咫”，形容山色苍翠如碧玉。

此外，如“夜初乘兴上城头，白玉蟾蜍碧玉天”，以及“碧玉融成万里天，满城罗绮竞春妍”，形容天色澄澈如碧玉，诗词中出现的这般“碧玉”，不一而足。

据杨伯达先生所言，清朝宫廷中，将绿色的玉料都称为碧玉，实则包括和田碧玉和云南进贡的永昌碧玉，后者又称翡翠，产自缅甸。乾隆时期，翡翠的身价扶摇而上，甚至超过和田玉的代表羊脂白玉。虽然都可称为碧玉，和田玉和翡翠的审美却大有不同。甚至当时崇尚古玉的人认为，翡翠不算玉，在“古玉”派看来，“温润如脂”的细腻质朴，才是美玉，翡翠的颜色艳丽而饱满，光泽如玻璃一样晶莹透亮，缺乏玉的端庄含蓄。然而，正是翡翠的这些不同点，开启了一个新的玉文化，晚晴收藏家唐荣祚在《玉说》中提到，翡翠崇尚“艳夺春波、娇如滴翠、映水则澄鲜照澈、陈几亦光怪陆离”的审美观。清代诗歌中，对翡翠色泽的描述也有所反映，如：

和田碧玉雕金鱼挂件

引自《古玩收藏鉴赏全集 和田玉》，李新岭主编，湖南美术出版社，2012年。

“珊瑚红尚浅，翡翠碧方滋。”

“二八正婵娟，月明翡翠钿。”

“香鲥正美樱桃颊，紫荔兼来翡翠墟。”

“红光爵晋珊瑚顶，华采冠加翡翠翎。”

“屏间翡翠光如电，枕上鸳鸯梦不孤。”

……

而“带绾鸳鸯，钗摇翡翠，风过裙罗揭”；“江都宫监伺颜色，翡翠玻璃恣雕饰”；“冠边香杂茱萸气，钗畔妍争翡翠姿”；“残妆销翡翠，艳曲罢空侯”等，则反映了翡翠作为妇女的装饰物在当时非常流行。

作为颜色词的“碧”，可以表青绿色。文献中较早的记载出自《世说新语》：“君夫作紫丝布步障，碧绫里四十里。”在传统五色观看来，因为“白”为西方正色，“碧”为西方间色，西为金，金色白，木色青，金克木，所以碧是青白色。因此，碧不仅可以形容常见的绿色植物，可搭配树、叶等名物词，也可代指植物，如“吐碧”中的碧。此外，碧可用于“春碧”，指春天的绿色自然景物；也可以用于“秋碧”，指秋天的澄碧天空，可见碧指颜色，不仅可指绿色，还保留了澄澈如玉的词义。碧修饰其他颜色词的时候，可以起到加重颜色的作用，例如：碧蓝指深蓝而澄澈的蓝色，碧绿指浓绿色，这一点是“青绿、蓝绿、青蓝”等所不具有的。

同样修饰“云”，碧云和青云、绿云，均有不同的联想义。“碧云”比喻远方或天边，距离上的遥远，产生心理上的离情别绪，为“碧云思”怨别离，为“碧云信断”苦归雁。“青云”则着眼其高远，为青云直上、青云之志，显现的是人在仕途的远大抱负。“绿云”则为仙人之祥云，更常见的则是用来形容女子的秀发或代指年轻女子。在指黑发这一点上，“青云教绾头上曲”的青云和绿云一样，也指黑发，碧云则似乎没有这种用法。

同样形容眼睛，“碧眼”指绿色的眼睛，可形容道士，也可指胡人、白人。“青眼”则与“白眼”相对，表达喜爱和器重，还可指知己；比喻青春年少等。绿眼则尚未成词，文献中出现的“绿眼”，与碧眼指胡人，有相近之处。

（廖宏艳/文）

【火尽“灰”冷】

现代汉语中，人们看到“灰”字会很自然地想到灰烬、灰尘和灰色等。“灰”字最早见于西周晚期的金文，字形作（无叀鼎）。《说文解字 · 火部》：“灰，死火余烬也。从火从又。”从字形上看，“灰”是“从火从又”的会意字，直观上看是“火”上有“手”，即火已经熄灭，可以用手去拿的意思。可知，“灰”字的本义是火燃烧后剩下的余烬。因为燃烧后的余灰颗粒微小，易随风飘浮、散落到各处，“灰”字后来又可以指“灰尘”，如灰烟瘴气、灰头土脸等。燃为灰烬，化作尘埃，恰好是“灰”字词义发展演变的真实写照。

“灰”还可兼表像灰烬一样的颜色，如用灰暗、灰沉沉等形容天色暗淡不鲜明的样子。在汉语发展过程中，“灰”字通过比喻引申由名物词发展成为了颜色词，扩大了其词义范围。据相关文献记载，用“灰”字表示颜色词的用例较早见于《晋书 · 郭璞传》：“时有物大如水牛，灰色，卑脚，脚类象，胸前尾上皆白。”此处用“灰色”描绘水中怪兽的样子。又如《晋书·天文志》：“凡负气，如马肝色，或如死灰色。”用“死灰色”形容军事战斗中不祥的败军之气。可见，古人多用灰色来形容灵异或者不祥的预兆。现代社会中灰色这种“被忌讳”的用法，在颇具特色的民俗文化里也有所体现。如山东部分地区的人们在立春日后是忌讳掏炉灶灰的：怕掏了灰，讨到晦气和霉运。虽然这种民间忌讳更多的是因为谐音的缘故，但是灰色这种不招人待见的性质似乎在中华文化中已经烙上了一定的印记。

在古代的诗词曲赋里，“灰”字常作为一种特殊的意象被使用。唐代李商隐《无题》中的“春蚕到死丝方尽，蜡炬成灰泪始干”，将无尽的相思描绘得深刻感人；北宋苏轼《念奴娇·赤壁怀古》中的“羽扇纶巾，谈笑间、樯橹灰飞烟灭”，将周瑜的运筹帷幄刻画得生动形象；元代刘因《黄钟·人月圆》中的“茫茫大块洪炉里，何物不寒灰”，将生命的感悟阐释得深入透彻。诗人们将自身的情感和思想融合在平淡的“灰”字中，意境深远，耐人寻味。

苎萝村的浣纱姑娘西施夷光

引自《现存社藏文献及文物精品集》，中国青年出版社，2006年。

早在先秦时期，古人就已经发明了用灰水洗涤衣物的民间土法。《礼记·内则》：“冠带垢，和水清漱；衣裳垢，和灰清浣。”这里的“灰水”主要是用草木焚烧后残留下来的灰烬等勾兑水而成的，呈现碱性，因而具有一定的除污能力。这可能是古代最早的洗衣粉。由于

捣练图(局部) 唐·张萱
引自《中国工艺美术史》，吴远征，马彩阳，甘兴义主编，华中科技大学出版社，2013年。

草木灰比较容易获得，它逐渐成为了古人浣洗衣物的常用洗涤剂。后来，草木灰水这一土法在古代纺织业中得到了广泛的应用。

古代早期文献中多有“灰”字的记载，它们大都与传统的练染工艺密切相关。《周礼·地官·掌炭》：“掌灰物炭物之徵令，以时入之，以权量受之，以共邦之用。”这里的意思是说掌炭负责执行征收草木灰、木炭的命令，要求按时征收的基础上，经过秤称重、统一收纳后备国家使用。郑玄注：“灰给浣练。”在传统印染发展过程中，古时的布帛在印染之前，需要“练丝”这一环节。“练丝”即古人在捶洗织物的过程中加入草木灰，脱去布帛中的丝胶和杂质等，使它们变得洁白，柔软光泽。《冬官·考工记》：“㡃氏涑（练）丝，以涚水沤其丝，七日。去地尺暴之。”“涚水”指的就是用来练丝的草木灰水。

明末清初，传统制漆业产生并流行了一种称之为“款彩”的新工艺技法。这种技法也与“灰”相关，即工匠在厚灰的木板上髹漆之后，再在上面刻上花纹，最后在漆器的凹陷处填上各种色彩和装饰的工艺，能够使漆器具有

（清）黑漆款彩八扇屏

引自《明清家具鉴赏》，胡德生主编，山西教育出版社，2006年。

很高的实用功能和审美价值。同时，因为这一制作工序一般要求匠工刻挖的深度至漆灰处为止，所以又称作“刻灰”。在传世的漆器、屏风的制作中也常见这一工艺。其中，历史渊源较早的百宝嵌装饰手法在商周时候就已经开始萌芽。直到明代晚期，这一工艺才在漆器业有极高的声誉，清代时期达到了高峰。据相关史料记载，这一由明代扬州周翥发明的手法，主要是将各种珍贵的材料做成嵌件，镶嵌在漆器或家具上，浮雕的漆面上异常华丽，相映生辉。在手工艺发展史上，自从“周制镶嵌法”开创初始便自成一个派别，成为了漆艺上的一朵奇葩。

（明代晚期） 黑骑百宝嵌花蝶笔筒

引自《中国文物大辞典》，中国文物学会专家委员编，中央编译出版社，2008年。

古时的“灰”字除了用来表示灰烬外，还可以指石灰。古人主要是通过焚烧青石后的余灰获得石灰的。明代李时珍《本草纲目》:“今人作窨烧之。一层柴或煤炭一层在下，上累青石，自下发火，层层自焚而散。”这种经过层层历炼的烧制过程，不禁让人想到了于谦《石灰吟》:“粉身碎骨全不怕，要留清白在人间。”他以石灰自喻，通过托物言志直接抒发了自己不怕艰难、坚强不屈的崇高抱负。此外，古代石灰中不夹石并风化松散者还可入药。《神农百草经》中称:“石灰，味辛温。主疽疡疥搔，热气，恶创，癞疾，死肌，堕眉，杀痔虫，去黑子息肉。一名恶疢。生山谷。”

由于灰色是介于黑色和白色之间的一种过渡色，现代社会中的人们常用“灰色”一词暗指那些不光彩、隐晦不明的事物或行为。例如，“灰色收入”是指那些无法甄别来路的非法收入，介于不法的黑色收入和合法的白色收入之间。“灰”字的一生，不像黑色那样深邃隐秘，也不像白色那样明亮畅快，而是有着一种低调、朦胧的沧桑。

火已燃尽，余灰易冷，就会让消沉笼罩在周围，从此“灰”会使人感到些许压抑的沮丧和迷茫。物品在角落里放置的时间长了，就会有灰尘覆盖在上面，“灰”便被赋予了年深日久的古老和陈旧。这些都在人们的意识里根深蒂固。灰色注定是一种中庸的颜色，代表着一种沉着和冷静。她在默默地权衡着黑白，直面得与失——如同人生中的我们。一路上总会遇见林林总总的挫折和困难，我们应该多一些战胜困难的信心和勇气，坦然地振奋精神，重拾希望，再次出发。像诗人食指曾在《相信未来》中所写的那样:“当蜘蛛网无情地查封了我的炉台，当灰烬的余烟叹息着贫困的悲哀，我依然固执地铺平失望的灰烬，用美丽的雪花写下：相信未来。”

（姜慧/文）

【日照香炉生“紫”烟】

从古至今，光与色永恒存在。随着时代变迁和社会发展，人们赋予颜色的内涵也在不断变化。在对颜色认知的起伏变化过程中，人们对某些特定色彩的喜与恶、抑与扬也逐渐渗透到了与之息息相关的文化里。紫色，这一给人以优雅、神秘感的颜色，在古代不同时期的文化中也拥有着相对特殊的象征意义。有趣的是，正是这种“特殊”的存在，为紫色迎来了无限可能的地位变幻。

“紫”字较早见于春秋时期的蔡侯申残钟，字形作。《说文解字·糸部》：“帛青赤色。从糸此声。”“紫”的本义是由青赤色的丝织品。后来，它又摆脱对丝织品的依附关系，引申为紫色。在古文字中，“紫”多表示紫色。从汉字形体发展演变的角度看，“紫”字在古文字中都写作左右结构。至两汉时期，开始出现了写作上下结构的“紫”字。如马王堆汉墓帛书《战国纵横家书》中的字形作。随后，虽然仍偶尔能够见到左右结构的“紫”，但是上下结构的形体已经成为了此后“紫”字的主流写法，并为后世所本。

在汉语中，我们常用“红得发紫”形容一个人在某个领域的地位达到了巅峰，或者人气很高、很受欢迎。然而在古代，人们对紫色的态度却是褒贬不一。其中，“朱紫之争”最早深入人心。《论语·阳货》：“恶紫之夺朱也。”何晏注解道：“朱，正色；紫，间色之好者。”这说明紫色在儒家学者的眼中并没有红色的地位高。受到儒家“克己”“复礼”等入世思想的影响，封建统治者坚决维护封建正统思想。这是封建统治者重视正色，力保红色正统地位，轻视紫色这类间色的生动体现。

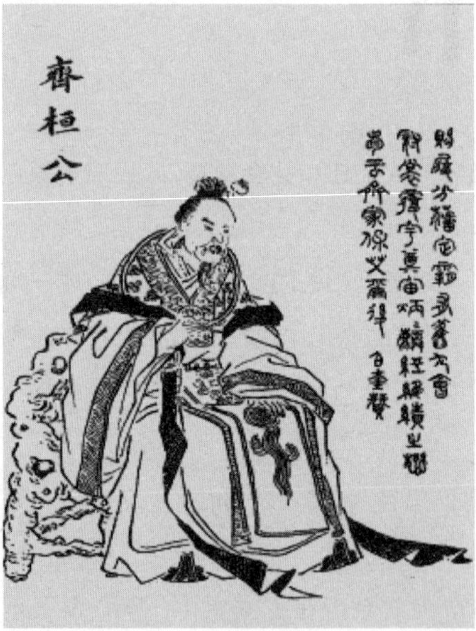

齐桓公像

引自《中国帝王图志》，晋文主编，山东画报出版社，2009年。

这是不是就说明紫色从此败给了红色呢？事实上并非如此。到了春秋时期，齐桓公好穿紫服，一时间齐国的百姓都纷纷效仿。《韩非子·外储说左上》：“齐桓公好服紫，一国尽服紫。当是时也，五素不得一紫。”这种对紫色的偏爱在当时一发不可收拾，甚至演变成了一种社会风尚。上述的现象，基本上与“上有所好，下必甚焉”的道理暗合，却也在无意之间为紫色正名了。随后，齐桓公接受管仲的提议，“讨厌”紫色之后，百姓便也跟风脱去了紫衣。这恰恰从另一个角度说明了上古时期紫色的地位并不稳固，而会随着社会主流文化的变化而更迭。至于唐宋时期，统治者明确规定三品以上的高官服紫，三品至五品以上的官吏服朱。发展到这一时期，朱紫之争的局势已然发生了大反转。

与儒家颜色观迥异的是，道家学者认为紫色是神秘之所宗，极力推崇紫色。西汉刘向在《列仙传》中记载道："老子西游，关令尹喜望见有紫气浮关，而老子果乘青牛而过也。"基于"紫为神秘庄重之征"的认识，加上对居中的紫微垣的自然崇拜，古人常用被众星围绕的紫微星垣代称受百姓拥戴的帝王天子，并逐渐开始用紫色象征祥瑞、高贵。如紫禁城、紫台等体现了古人对帝王的敬畏和祥瑞的祈盼。成语"紫气东来"是指紫气自东而来，比喻祥瑞降临。后来，正因为紫色的这一特殊气质，封建君主多开始奉紫为贵。紫色也就取得了古代颜色体系中居上的地位。随着中央集权的进一步加强，这一对紫色的偏爱必然会随之加强，甚至会表现为"垄断"。汉武帝时确立紫色

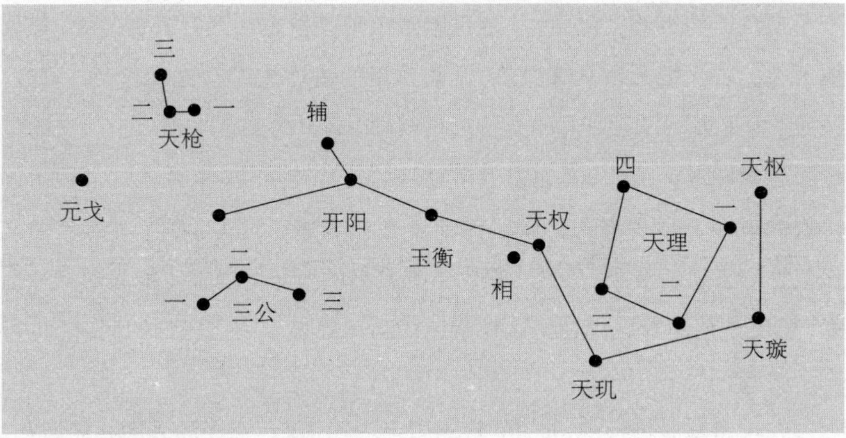

北斗图（紫微垣图）

引自《周易与应用》，沈炜民编著，上海辞书出版社，2014年。

紫禁城俯瞰图

引自《考古·文物·历史文化》，畅海桦著，合肥工业大学出版社，2013年。

为帝王的御用服色，并将赏赐群臣的绶带颜色也一律使用紫色。《广雅·释天》："天宫谓之紫宫。"可知，此时的紫色多与帝王、皇宫等相关，它已经成为古代权势和富贵的象征。如"紫缨"是古代贵族官员的紫色帽带。"紫袍金带"是指古代高官的朝服。

在我国的丧葬文化中，紫色也常常出现。按古代五行五色学说，紫色属于火。古人把凡事具有温热、升腾作用的事物或现象也归于火。同时，按照"木生火""火生土"的五行相生规律，属火的紫色也跟入土为安的传统思想相呼应。例如，在北方很多地区的丧葬礼俗中，紫色还常常被用作寿衣的颜色。很多老人仍较忌讳穿紫色的衣服。可见，古代对紫色的文化禁忌一直延续至今。此外，在家中有丧者的三年之内都不能张贴红色春联，要用紫色的春联代替。这种紫色的运用在表示哀伤压抑的同时，也可以示虔诚。

在汉语发展过程中，成语"紫芝眉宇"比喻德行高尚的人的相貌风范。"紫芝"是唐代元德秀的字，这一成语引自《新唐书·元德秀传》中宰相房琯对元德秀气质高雅，有仁者风范的称赞之辞："见紫芝眉宇，使人名利之心都尽。"这句话的意思是每次看到元德秀两眉上方散发出的灵气时，自己追求名利的心也就消失了。这里是通过转述他人的话来称颂元德秀的德行高洁。

几千年的历史浮沉，不改"紫"的神秘风采。"紫"在盛衰荣辱中找到了不同时期的合适位置，时刻昭示着华夏文明未曾间断。

（姜慧/文）

复色篇

异彩奇文相隐映

【玉人垂“绀”鬓】

“绀”是我国古代常用的颜色词。它表示的是一种由深青色和红色混合而成的间色。《说文解字 · 糸部》:“绀，帛深青扬赤色。从糸甘声。”从糸表意，这说明“绀”字的初始义与丝帛有关。段玉裁认为:“绀，含也。青而含赤色也。按此今之天青。亦谓之红青。”“绀”字的本义是指稍微带红的蓝黑色丝织品。随着颜色词与古代社会生活之间关系的日益密切，“绀”在汉语的发展过程中脱离了原来所依附的丝织品，逐渐引申为绀色的意思，即蓝黑色中带微红。同时，段玉裁还进一步从古代颜色词的范畴，对“绀”这一颜色词进行细致的描述和探求:“以缥入深青、而赤见于表是为绀。”“缥”是指赤黄色。这里的意思是，把赤黄色混入深青色中，得到外表有红色光彩的颜色，就是绀色。“绀碧”是天青色，深青中透着红。“绀珠”是深青泛红光的宝珠。这一词出自唐代张说凭借绀珠而能够明晓遗忘之事的传说故事，后来比喻记忆力很好。

西夏绀色玉壶春瓶

引自《神祇的脚印：中国符号文化(升平春色)(色彩卷)》，孔庆茂编著，花城出版社，2009年。

在历史上，“绀”这一颜色词作为典型的文化词，与古代的文化现象有着千丝万缕的联系，并且兼具多种性质和意义。纵观中国古代服饰史，“绀”经历了一条艰难曲折的发展道路。先秦时期，古人服饰的形式主要是上衣下裳，上衣通常使用正色，下裳可使用间色。受不断发展成熟的阴阳五行观念的影响，古人开始维护白、青、黑、赤和黄五正色的正统地位，看不起正色以外的其他间色。《论语 · 乡党》：“君子不以绀緅饰，红紫不以为亵服。”“緅”是指接近黑色的深蓝色，比“绀”更深一些。这里的意思是品德高尚的人不以绀色或緅色为衣服镶边做装饰，也不以红色和紫色的服饰作便服。以此，足见当时古人对绀緅紫玄之类颜色的排斥之甚。

到了秦汉时期，绀緅紫玄等间色由地位低下转而逆袭发展至较为尊贵的地位。特别是在汉代，绀色正式成为了受人欢迎的颜色。这不仅表现在服装用色中，还进一步延伸至特殊的装饰物上。《后汉书 · 舆服志》：“太皇太后、皇太后入庙服，绀上皂下，蚕，青上缥下，皆深衣制。”《宋书 · 礼志五》：“汉制，皇帝黄赤绶，四采：黄、赤、缥、绀。”可见，此时“绀”已经被戴上了贵族的光环。

唐代西域女子的绀色衣服

引自《中国符号新编》，易存国著，江苏人民出版社，2012年。

一直发展到清代，“绀”的贵族光环渐渐退却，皇室贵族对它也慢慢失去了应有的热情。这一时期，绀色进入了官服的用色系列。文武百官的官服朝褂多以绀色或黑色为底色，并缀饰了能够象征官品等级的纹样，成为了此时官服的专用颜色。同时，清代婚嫁时男子外面所穿的马褂外罩也是黑中透着红的绀色。此外，绀色甚至也成为了丧葬礼俗中的庄重用色。《清会典·凶礼》：“清制，一二品绛色，三四品缁色，五品青色，六品绀色，七品灰色。”可见，在古代服饰文化史上，“绀”在历经动荡不定后，从此进入了最为庄重肃穆的光阴。

此外，在佛教文化中，也有对绀色的传承和发展。古代的殿宇、佛寺等建筑多用绀色的琉璃作屋顶，因而绀园、绀宇和绀殿等成为了佛寺的别称。之所以使用绀色琉璃，或许主要是由于据佛经中三十二相的记载，释迦牟尼佛的头发是绀琉璃色的，即“孔一毛生，其毛右旋绀琉璃色”。其次，绀色能够给人一种凝重、深沉的体验和感受。此外，绀色是青而含赤的颜色，能够象征着佛教文化的包容性。河北承德碧峰寺法华宝殿的楹联为：“绀宇初开，现四禅天宝花积；碧峰常静，证三摩地吉云扶。”这里的意思是佛寺刚刚建立修习禅定时，就出现了四禅天和宝花等。碧峰常年寂静，有祥云环绕，很适合参摩佛法。后来，也用“绀发”一词指道教中的得道之人的头发。

随着古代染色工艺的不断提高，由丝织品产生的颜色词也日益丰富。古代的颜色词中，还有“緅”“缲”等从糸的字，与“绀”所表示的颜色相近。相

五台山显通寺铜殿

引自《佛教建筑　佛陀香火塔寺窟》，韦然著，中国建筑工业出版社，2010年。

蓝琉璃瓦

引自《中国传统色彩图鉴》，鸿洋编著，东方出版社，2010年。

对于这几个字所指的颜色，古人也进行了辨析。《说文解字新附·糸部》："緅，帛青赤色也。"《说文解字·糸部》："缲，帛如绀色。或曰：深缯。"段玉裁则认为："如绀色者、如绀而别于绀也。广雅系诸青类。盖比绀色之青更深矣。"也就是说，他认为古代的緅色比绀色偏青，没有微红色。缲色则是比绀色还要偏深的颜色。可知，这三个颜色之间的差别并不是特别明显。

随着时代的进步和汉语词汇系统的发展，由"绀"所表达的间色已经失去了细加区分的必要，逐渐被其他的词所代替。如鸦青、石青、靛蓝等。到了现代汉语中，"绀"已经在汉语交际里失去了全民性和社会性，逐渐退出颜色的舞台。我们只能跟着历史的脚步，深入古代文明，去探求她的文化蕴涵。

（姜慧/文）

【“赭”袍红映缕金衣】

《说文解字 · 赤部》:“赭，赤土也。从赤者声。”“赭”即红色的土。汉字中以“赤”为形符的字，其本义一般与红色或红色的意义相联系，如赫、赮、赬等字。按照古人对颜色词的认知习惯，“赭”字也可以引申为赤红色。《诗经 · 邶风 · 简兮》:“赫如渥赭，公言锡爵。”孔颖达疏:“颜色赫然而赤，如厚渍之丹赭。”这是用赤红色来细致地形容脸色红润有光泽的样子。此外，“赭”字与其他颜色词连用，可以明确古代不同间色浓淡深浅的差异。如“赭红”是红褐色，较赭色偏红。“赭褐”指

裸体陶塑女像（红山文化）
引自《中国符号（新编）》，易存国主编，江苏人民出版社，2012年。

栗壳色，是比褐色还要深的颜色。

据《史记 · 秦始皇本纪》记载："使刑徒三千人，皆伐湘山树，赭其山。"这里的"赭"是由赤色土的名词义转而表示伐尽树木、光山秃岭，使山岭露出赤色土的动词义。这是对秦始皇因迷信五德学说而专横施行伐赭湘山的文献记录。"赭"这种伐木秃岭的行为在后世也有进一步的引申，可以用来表示烧毁、烧尽或泛指寸草不生、田野荒芜的景象。唐代柳宗元《贺进士王参元失火书》："乃今幸为天火之所涤荡，凡众之疑虑，举为灰埃。黔其庐，赭其垣，以示其无有。"

古代的服饰制度在展示传统文化的同时，也传递出更多民族观念和审美情趣。在古代服饰的用色体系中，不同的衣着颜色能够反映出着装者不同的社会地位。最初的赭色是古代奴仆、兵卒及服刑人员所穿的衣服颜色，故古人也用"赭衣"一词泛指有罪的人。后来，"赭"的这一用法已经演变成为了一种群体特征的标志。《荀子 · 正论》："杀，赭衣而不纯。"成语"赭衣塞路"是说穿囚服的人挤满了道路，形容罪犯很多。后来，"赭"由名词发展成为动词，表示施加刑罚，即成为罪人。北宋苏轼《司马君实独乐园》："名声逐吾辈，此病天所赭。"

古代囚服

引自《科学认知囚犯》，马金虎主编，江苏人民出版社，2014年。

陕西临潼秦始皇陵1号俑坑出土的武士俑胸甲披挂方式

引自《中国服饰史》，黄能馥、陈娟娟著，上海人民出版社，2004年。

后来，随着历代朝代的更迭，赭色在服饰文化中的社会地位有所改变。这种色彩观念的改变率先发生在了古代的坚甲利兵身上。在秦朝，赭色的甲衣成为了秦兵作战时的防护配备。秦军内的不同爵位，其甲衣色彩也存在着差异。相对于其他类型的秦兵，秦国将军的鱼鳞甲衣呈赭色，甲钉则是朱红色的，军服色彩十分鲜明。到了五代时期，将士们作战的战袍都变成了赭色。至唐高宗时期，赭色甚至成为了皇帝的专用服色。

唐高宗李治像

引自《中国皇帝全传》，善从编著，中国华侨出版社，2011年。

除了服饰，赭色还可以用来修饰马匹的颜色。南朝宋颜延之《赭白马赋》："乃有乘舆赭白，特禀逸异之姿。"这里的"赭白"是赭白马，即毛色赤白相间的骏马。自古人们以马的毛色为判断标准，认为赭色马是马中的骐骥。需要说明的是，"人中吕

牧马图　和林格尔东汉墓前室南耳室西壁壁画（部分）

引自《文物》，1974年第1期，文物出版社。

布，马中赤兔”出自《三国演义》，比喻非常优秀的人才。很多人认为此处的“赤兔马”是指跑得像兔子一样快的赤色的马。实际上，应当理解作头像兔子头的红色马。早在《相马经》中就已经记载了相马的重要标准。其中，有很多传世文献已经明确指出了古代兔形头的马是难得的好马。

赭土，又称赤矿石或赭石，是古代生活中方便获取的赭色自然矿物。在古代的科技领域，矿石的发掘开采已经积累了一定的经验。《管子 · 地数篇》：“山，上有赭者，其下有铁；上有铅者，其下有银。一曰上有铅者，其下有鉒银；上有丹沙者，其下有鉒金，上有慈石者，其下有铜金。此山之见荣者也。”这是我国古代总结出的矿石共生规律及其分布特征。此外，赭土矿石还可以运用在传统的绘画领域，用来制作古代入画的赭色颜料。随后，这一赭色的颜料也可作木器工艺上色之用。湖北云梦睡虎地秦墓出土的木质扁壶

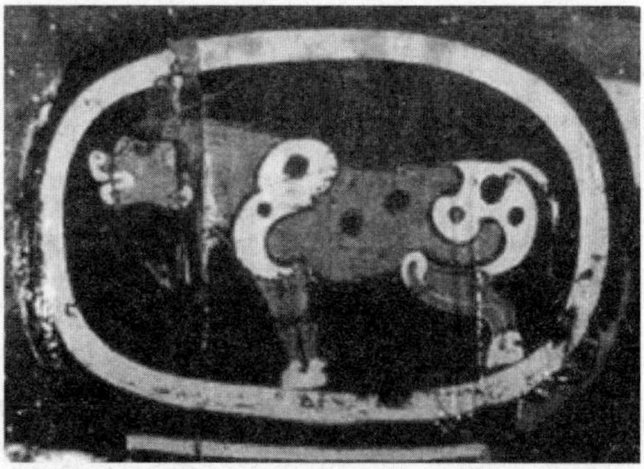

牛（漆画） 湖北云梦出土
引自《中国绘画史：简装本》，薄松年著，上海人民美术出版社，2013年。

腹部侧面附有神态生动的动物漆画。画中以黑、红两色为基调，用赭色线条勾勒装饰，造型鲜明，趣味盎然。

（姜慧/文）

【“褐”衣蔬食】

开花之前的大麻，茎皮纤维强韧，适合织造夏衣。

引自《草木零落，美人迟暮：楚辞植物图鉴》，潘富俊著，九州出版社，2014年。

《说文解字 · 衣部》：“褐，编枲袜。一曰粗衣。从衣曷声。”“编枲袜”是指用粗麻编织成的袜子，为“褐”字的本义。“枲”即大麻，是古代主要的织布制衣原料。后来典籍中也用“枲”特指不结果实的雄麻。《玉篇》：“有子曰苴。无子曰枲。”另外，“褐”字也可以泛指用粗麻做的衣服等。在传世典籍文献中，这一用法较为普遍。《诗经 · 豳风 · 七月》：“无衣无褐，何以卒岁？”

目前可见最早的“褐”字出现在战国晚期睡虎地秦墓竹简中的“为褐以稟衣”，字形作。“褐”字从曷得声，“曷”又可视作“褐”的本字。值得注意的是，“褐”“葛”二字为同源关系。《说文解字·艸部》：“葛，絺绤艸也。从艸曷声。”这里的“絺”指细葛，“绤”是粗葛。“葛”字的本义是指一种植物，后来逐渐成为了古人重要的纺织原料之一。在语音方面，古音中“褐”“葛”两字分别是匣母月部字和见母月部字，二者的读音相近，或出自同一语源。此外，在古代文献中也有“褐”“葛”通用的例子。《周易·困》：“上六：困于葛藟，于臲卼，曰：动悔；有悔，征吉。”帛书本中的“葛”则作“褐”。

古往今来，人们在生产和生活中创造出了式样丰富、种类繁多的衣服形式。这些凝结着古代劳动人民智慧的衣服式样，既记录着源远流长的传统服饰文化，在某种程度上也成为了不同阶层等级的标志。其中，由粗麻制成的短袖衣服即为短褐，或泛称为“褐衣”。短褐具有做工简单、质地粗劣和方便

《重修政和证类备用本草》中裹巾子、穿圆领或交领襦衫或短褐的工人

引自《服饰中华 中华服饰七千年 第二卷》，黄能福等著，清华大学出版社，2011年。

明代李士达《西园雅集图》中穿褐衣的文人

引自《中国服饰史》，黄能馥、陈娟娟著，上海人民出版社，2014年。

劳作等特点，一般是古代底层劳动者普遍的衣服样式。后来，短褐逐渐成为了古代穷苦劳动者或贫贱之人的代称，如“褐夫”等。《左传·哀公十三年》：“旨酒一盛兮，余与褐之父睨之。”杜预注：“褐，寒贱之人。”此外，在古代还有一种用粗麻制作的衣服式样，因与短褐相比，其明显特征是长而宽，故专称之为“褐衣”。后来，褐衣多为文人诗客或道家隐士所穿。总的说来，古时“褐”的社会地位较低。

相对于古代富贵人家所穿的丝绸、锦缎等材质的衣服，粗麻制成的衣服质地粗糙，没有光泽，多呈现黄黑色。因而，“褐”字以实物喻色，由本义逐渐被引申作黄黑色，成为了古代的颜色词。明代宋濂在《篇海类编·衣服·衣部》中说道：“褐，黄黑色，俗名茶褐色。”虽然在相当长的一段历史时期内，“褐”字粗布衣服和颜色词两个新旧含义并行使用。但是，随着古代服饰制度的发展变革，原本的粗布衣服已经不再流行，其意义的使用范围逐渐缩小。在这种社会生活的背景下，“褐”字表示粗布衣服的意义逐渐弱化，直至消失。与此相对地，“褐”作为颜色词在人们的生活中进一步发展成熟。这主要表现在人们使用“褐”字时，多在其前面加上了诸多修饰的定语，试图以复合词的形式表示其相应颜色的浓淡深浅，如丁香褐、葡萄褐和鼠毛褐等。在古代纺染工艺中，褐色是通过熬制桑木的白色树皮或树根，制成染浆后给布帛进行染色的。“褐”字的颜色义最终成为其常用义，并一直沿用至今，如褐煤、褐铁矿等。

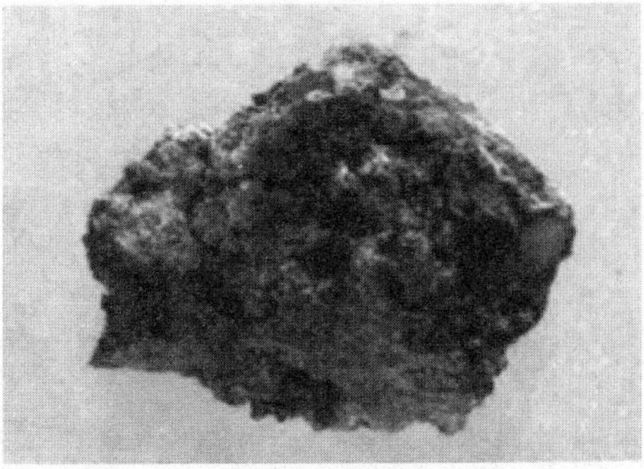

褐铁矿

引自《矿物药真伪图鉴及应用》，高天爱等主编，山西科学技术出版社，2014年。

在语言文字的发展过程中，词汇的变化最能够反映当时的社会生活。随着社会的发展和人们认识的深化，“褐”的词义发生了演化。由于“褐”原本指代的粗布衣服的消失，其表示粗布衣服的词义消亡，只留下了新派生的能够描述事物特征的颜色义。这是社会生活面貌的变化在词汇发展上的生动体现。

在现代汉语中，表示粗布衣服的“褐”多只保留在成语中。如“褐衣蔬食”是指穿的是粗布衣服，吃的是粗茶淡饭，用来形容生活非常困苦。“短褐不完”的意思是连粗布短衣都破旧不完整，形容衣衫褴褛，也是极言贫苦。“被褐怀珠”是比喻有真才实学而身处寒微的人。此外，在部分方言中也有所体现。如河南方言中的“汗褐儿”是指贴身穿的汗衫。

在古代制度文化中，“释褐”一词作为古代科举制度的产物，是官吏进入仕途的重要环节之一。古代的科举制度是封建君主选拔官吏的重要办法，具有烦琐、严格的考核制度。虽然科举制度具有其自身的弊端和不足，但是这一从民间下层社会选任人才的方法，在某种程度上打破了等级的界限，为知识分子开辟了一条步入仕途、释褐为官的道路。“释褐”一词始于宋代初期，其字面意思是脱去粗麻衣服、换上官服，代表着从下层平民进入到官僚阶层。在古人心中，似乎这才是真正意义上的为官。隋唐时则称为“铨贡”或“关试”。后来，人们多用“释褐”比喻授官任职。需要说明的是，古代科举考试及第的人，只是意味着取得了做官的资格，但是还不能直接入仕做官。只有经过吏部书、言、身、判四项的考核后，他们才能够被授予官职，即所谓的“释褐授官”。此时，古代的“释褐”主要是对及第者书法、言辞、体貌和能力的考核。这一环节与今天的面试考核制度类似。在现代的职业评定过程中，只有经过面试考核的人才能成为正式员工，享受应有的工资待遇和福利。由此看来，这种入职前的考核，可以算得上是由来已久了。

（姜慧/文）

【水皆“缥”碧】

人类从无衣到有衣，走过了漫长的文明历程。随着华夏文明向前迈进，古人的审美需求已经成为了一种自觉取向。在追寻审美的过程中，古人的服饰文化也由单调的素色渐趋斑斓，进入了流光溢彩的世界。

在古代服饰制度中，彩色文化的形成和发展不仅得益于生产水平的提高，还要归功于日益精湛的印染工艺。古代先民在长期的实践中积累了丰富的印染经验。他们通过运用不同的染色方法和印染技巧，将素色丝织品染成各种姹紫嫣红的颜色。早在先秦时期，深浅不一、色差有别的颜色已经出现在了先民日常生活的服饰中。

《楚辞》:“红采兮骍衣，翠缥兮为裳。”《释名·释采帛》:“缥犹漂。漂，淡青色也。有碧缥，有天缥，有骨缥，各以其色所象言之也。”这里的“缥”，读音为piǎo，原是指青白色的丝织品。这种颜色早期多是以蓼蓝作植物染料染制

古代女子服饰

引自《慧海拾珠 图说中华民俗》，周成华主编，中州古籍出版社，2011年。

而成的。如“缥囊”是古代用青白色布帛做成的书囊。随着“缥”字的发展，有了较为宽泛的词义范畴，多引申为青白色，也就是现在的淡青色。如“缥玉”是淡青色的玉。“缥带”是淡青色的带子。此外，“缥”还可以与其他单音颜色词一同构成复合颜色词。如“缥红”是红绿相间的颜色。但是，到了现代汉语中，“缥”作为颜色词的这一用法已经基本消失。

蓼蓝

引自《中国科学技术史·纺织卷》，赵承泽主编，科学出版社，2002年。

从汉字形体上看，“缥”为从票得声的字。《说文解字·火部》“㶾，火飞也。从火，𡿺与䙴同意。”“票”字下本从火，是火焰飘起的意思。秦时下部的“火”开始讹变作“示”，后来这一写法为隶书楷书所继承。汉字中很多从“票”的字兼有轻、细小的意思，如表轻义的“僄”、表浮义的“漂”

佩绶官吏（山东沂南汉墓出土画像石拓片）

引自《汉字与服饰文化（修订版）》，冯盈之编，东华大学出版社，2012年。

和表鱼鳔义的“鳔”等，三者为同源关系。因此，“缥”字又可理解作轻盈的意思。《汉书·贾谊传》：“凤缥缥其高逝兮。”这里的“缥缥”一词是形容轻快的样子。此外，“缥”字还可以引申为隐约、高远。《史记·司马相如列传》：“缥乎忽忽，若神仙之仿佛。”“缥乎”即为缥缈之义。在汉语发展过程中，为了与浅绿色之义有所区别，上述两个义项的读音改作piāo，音同表旋风之义的“飘”字。

在古代，统治阶级的身份地位除了表现在服饰用色之外，在佩饰用色上也有所体现。在周礼中，佩玉制度已经成为了封建等级社会的重要标志。至春秋战国时，受当时社会战争频繁的影响，部分贵族阶级以佩挂刀、剑等兵器代替了佩玉。一直到秦汉时期，封建贵族的佩绶制度基本取代了先前的制度规定，成为了这一时期服饰文化的一大特色。所谓的“佩绶”即官员将朝廷统一发放的官印挂在腰间的鞶囊里，并把官印上的绦带垂在外面，用来显示佩挂者的地位之别。《后汉书·舆服志下》：“（帝王佩）黄赤绶，四采，黄、赤、缥、绀。淳黄圭，长丈九尺九寸，五百首……”依照汉代的制度，即使在皇室贵族、封国王公等汉代统治阶级内部，绶带的用色等方面也有明确的规定。如帝王皇族佩有黄、赤、缥、绀四色的黄赤绶带，王公贵人佩绿、紫、绀三色的绿色绶带，公侯将军则佩紫、白两色的紫色绶带。可见，在汉代的佩绶制度中，缥色是帝王皇族佩绶的专用色，象征着“尊天下之贵者”。

东晋　青釉执壶

引自《中国茶具流变图鉴》，郭丹英、王建荣著，中国轻工业出版社，2009年。

在古代陶瓷史上，六朝时期浙江瓯窑所产青瓷极盛一时，由于这一时期的青瓷颜色和缥色丝织品极为相似，当时的人们多称之为“缥瓷”。缥瓷的特点是胎呈灰白色，釉以淡青色为主。釉色均匀，淡雅独特。缥瓷主要流行于东晋至南朝早期。在青瓷的千余年历史中，缥瓷的出现，开创了青瓷独有的特征，在很大程度上推动了后世制瓷工艺的发展。

回首“缥”的生命历程，她的文化渊源甚古。“缥”凭借沁人的明澈清雅，贯穿于底蕴深厚的漫长华夏文明中。不论是在服饰文化还是工艺文明中，她都展现了颜色所蕴含的一种特殊的文化特质，并被精彩地终结在了往昔岁月。与此同时，她也进行了精心的变装，以一身崭新的姿态，再次展露在当前的语言文化里。

（姜慧/文）

〖巧施粉“黛”〗

在古代，由于人们对女子的审美多是体现在外貌上，古代女子也逐渐注意自己的仪态和妆容，纷纷为悦己者容。她们通过各种方式不断地进行梳妆打扮，如敷铅粉、涂胭脂、贴花钿等，试图让自己变得面容姣好、娇媚动人。值得注意的是，古人常用“眉清目秀”“山眉水眼”等词形容美女，甚至还用“粉黛”“青峨”等作为美女的雅称。此外，眉在目上，是古代女子表露情感、传递情愫的途径之一。可见，在古代女子的妆容修饰中，眉毛的修饰显得十分重要。

《释名·释首饰》：“黛，代也，灭眉毛去之，以此画代处也。”东汉许慎的《说文解字》中不见“黛”字，却见“黱”字与之相关。《说文解字·黑部》：“黱，画眉也。从黑朕声。”《通俗文》：“染青石谓之点黛。”原来，后人多把“黱”字俗写作上从“代”得声的“黛”字。不论是“黱”还是“黛”，二者都从

吴绛仙图

引自《红妆翠眉：中国女子的古典化妆、美容》，马大勇编著，重庆大学出版社，2012年。

唐代“黛眉妆”女子

引自《艺术中国·服饰卷》，夏燕靖著，南京大学出版社，2010年。

黑，都表示与黑色有关的意义。“黛”字的本义是古代女子用来画眉的青黑色颜料。梁刘勰《文心雕龙·情采》：“夫铅黛所以饰容，而盼倩生于淑姿。”这正是古代女子施粉画黛时心理活动的真实写照。此外，古人还用“黛”字指女子。如“黛怨”是古代女子眉宇间所表露出的愁苦哀怨。唐代白居易《长恨歌》：“回眸一笑百媚生，六宫粉黛无颜色。”

古代女子画眉所用的材料，经历了由石墨变为石黛，最后再到烟墨的发展过程。早期时，女子多是以书写用的天然石墨来画眉。

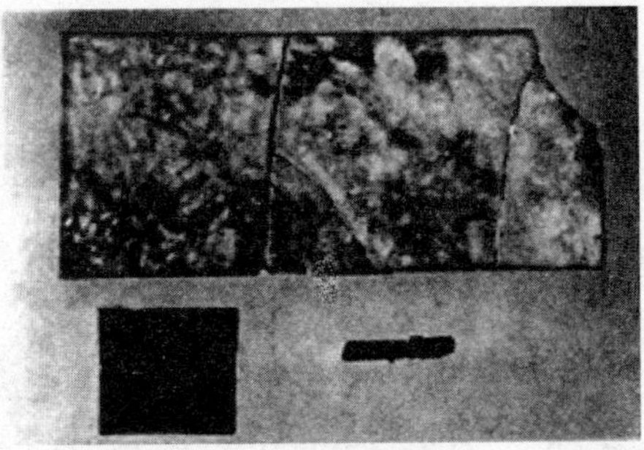

东汉　黛砚

引自《广州文物志》，广州市文化局等编著，广州出版社，2000年。

后来古代女子用黛墨代替了石墨，并出现了黛砚，即用来调和眉黛画眉的砚台。在画眉时，女子通常是先将黛墨磨成粉状，然后在黛砚上兑水后再使用。随着时代的进步和科技的发展，古代制墨工艺有了很大的提升，古人发明了质地细腻、使用方便的烟墨。至隋唐时期，女子普遍使用烟墨来修饰眉毛，并且逐渐创造出了诸多眉毛样式，如长眉、峨眉等。历史上有为他人画眉爱好的唐太宗，甚至命令画工画了包含鸳鸯眉、小山眉、五岳眉和三峰眉等在内的“十眉图”。

《千里横黛色》

引自《傅廷煦画集（上卷）》，傅廷煦著，外文出版社，2011年。

随着“黛”字使用范围的扩大，古人也用“黛”泛指青黑色，“黛”成为了古代常用的颜色词。如“黛文”是青黑色的波纹。“黛叶”是墨绿色树叶。由于青黑色与自然山水的墨绿景色非常相似，古人也

清 周秉沂 张敞画眉图

引自《成语与服饰文化》，冯盈之编著，东华大学出版社，2013年。

时常用“黛色”一词指代大自然中的林竹山水景色。唐代王维《崔濮阳兄季重前山兴》：“千里横黛色，数峰出云间。”诗中描写的是云雾缭绕山林、群山连绵高峻的广阔景象。此外，“黛”字表示的青黑色，属于颜色中的冷色，会使人产生悲伤、忧郁的感受。这不禁让人想起《红楼梦》中的林黛玉。简单的一个“黛”字，也极符合黛玉多愁善感的性情，暗暗点出了她的不幸命运。

东汉时期，京兆尹张敞性格温和，并且很有才干。他平时常给妻子画眉，不仅画眉的技艺十分娴熟，还画得妩媚动人。但是，由于当时的社会注重官员的威仪，很多人认为张敞为人轻浮，有失身份。后来，因其他官员弹劾此事，汉宣帝召见张敞并加以询问。他很大方地承认并认为夫妻之间为夫人画眉很是平常。虽然这种做法并不被当时的主流认可，甚至张敞也为此仕途受阻，但是后世仍常用成语“张敞画眉”比喻夫妻恩爱、亲密融洽。

从古至今，“黛”在传统文化中有着不可替代的作用。于妆容，一笔黛色，万种风情。于风光，黛色山水，灵动清净。于相许，若黛眉，情比金坚。

（姜慧/文）

图书在版编目（CIP）数据

汉字中的色彩之美/姜慧,廖宏艳著. — 上海：
文汇出版社,2017.12
（看懂中国字　读懂中国心 / 王元鹿主编）
ISBN 978-7-5496-2264-1

Ⅰ.①汉…　Ⅱ.①姜…②廖…　Ⅲ.①汉字—研究
Ⅳ.①H12

中国版本图书馆CIP数据核字(2017)第186520号

丛书策划：张　衍
丛书主编：王元鹿
出 版 人：桂国强

汉字中的色彩之美
看懂中国字　读懂中国心

作　　者 / 姜　慧　廖宏艳

责任编辑 / 乔　聿
特约编辑 / 徐祖友
封面设计 / 王　翔

出版发行 / 文匯出版社
　　　　上海市威海路755号
　　　　（邮政编码200041）
经　　销 / 全国新华书店
排　　版 / 南京展望文化发展有限公司
印刷装订 / 苏州市越洋印刷有限公司
版　　次 / 2017年12月第1版
印　　次 / 2017年12月第1次印刷
开　　本 / 640×960　1/16
字　　数 / 110千
印　　张 / 11.75

ISBN 978-7-5496-2264-1
定　　价 / 36.00 元